슬기로운
환경수업

슬기로운 화겸수업

초판 1쇄 발행 2024년 11월 10일

지은이 정은해, 전지혜, 신윤정

기획·편집 도은주, 류정화
마케팅 조명구

펴낸이 윤주용
펴낸곳 초록비공방

출판등록 2013년 4월 25일 제2013-000130
주소 서울시 마포구 동교로27길 53 308호
전화 0505-566-5522 **팩스** 02-6008-1777

메일 greenrainbooks@naver.com
인스타 @greenrainbooks @greenrain_1318
블로그 http://blog.naver.com/greenrainbooks

ISBN 979-11-93296-60-8 (43330)

어려운 것은 쉽게 쉬운 것은 깊게 깊은 것은 유쾌하게

초록비책공방은 여러분의 소중한 의견을 기다리고 있습니다.
원고 투고, 오탈자 제보, 제휴 제안은 greenrainbooks@naver.com으로 보내주세요.

청소년 소설과 함께하는

슬기로운

환경 수업

정은해·전지혜·신윤정 지음

초록비책공방

들어가며

'기후 위기 시계'는 지구의 평균 기온이 1.5도 상승하는 시점까지 남은 시간을 보여주는 시계이다. 현재 기후 위기 시계의 남은 시간은 약 5년 정도라고 한다. 또 다른 이들은 기후 위기를 30일 기준으로 보았을 때 지금이 29일째라는 비관적 진단을 하기도 한다. 이를 종합해 보면 지구 온난화로 인한 위기가 얼마 남지 않은 것은 확실하다.

그렇다면 우리는 무엇을 해야 할까? 구호도 외쳐보고 나름 분리배출도 하고 일회용 컵 사용도 줄이고 비닐봉지를 줄이기 위해 장바구니도 들어보지만 지구 온난화로 인한 기후 위기에 대한 불안이 줄어들기는커녕 점점 더 심각하게 다가오고 있다. 이쯤 되면 난 할 만큼 했으니 "에라 모르겠다."를 외칠 수도 있고, 나 하나가 하는 행동이 얼마나 변화를 줄지 모르겠다는 의구심이 들면서 무관심한 태도로 일관할 수도 있다.

어린 나이에 국회 앞에서 1인 시위를 하기 위해 등교를 거부하고, 유엔 연설을 위해 유럽에서 15일 동안 요트를 타고 미국으로 간 그레타 툰베리를 대단하다고는 생각하지만 나와는 다른 별개의 문제라고 생각하지는 않는가? 하지만 우리는 지금 바로 해야 한다. 올바른 일이라고 생각하는 일을 행동으로 옮기지 않는다면 그때는 진짜 늦을지도 모른다.

세상에 완벽한 직선이 존재하지 않듯 완벽한 삶도 불가능하다. 그래서 잘못된 것을 해결하기 위해서는 정교하게 정의된 개념이나 논리적으로 분석하기보다 경험적 지식을 활용하면서 사람들과 함께 해결해야 한다. 이러한 경험적 지식을 문학 작품을 통해 알아보고 무심코 지나쳤던 환경의 소중함을 다시금 발견하고 행동으로 옮겼으면 하는 마음에 이 책을 썼다.

1부 '그들만을 위한 지구는 없다'에서는 지구가 인간만을 위한 곳이 아니라는 점, 권력과 부를 소유한 특정한 소수만을 위한 곳이 절대 아님을 강조한다. 그리고 책 속 인물들의 행동을 보며 우리의 행동이 지구에 어떠한 영향을 미치는지 되돌아본다. 특히 플라스틱 남용과 환경 호르몬의 증가가 어떻게 환경을 해치는지 살펴보고, 나무와 물이 파괴되는 과정과 기후 변화로 집을 잃은 난민들의 이야기를 통해 지구와 그 위에 사는 모든 생명체가 직면한 위기를 깊이 있게 이해하고자 한다.

2부 '지구를 지키는 사람들'에서는 환경을 바라보는 시각을 인간 중심에서 지구와 모든 생명체를 포괄하는 관점으로 넓힌 사람들을 소개한다. 아마존의 생명을 지키는 노인, 식물과 동물을 보호하는 청소년, 기후 위기의 심각성을 알리는 청소년 연대 등 평범하고 선한 시민들의 구체적인 행동과 실천을 만날 수 있다. 더 이상 환경 문제를 미래 세대의 문제로 미루지 않고 '지금, 힘께' 지구를 지키기 위한 여정에 동참해서 모두가 지속적으로 소박한 풍요와 편리를 누리게 되기를 바란다.

3부 '지속 가능한 사회로 가는 길'에서는 모든 자연과 생명체는 서로 긴밀하게 연결되어 있기에 환경 문제는 함께 해야 한다는 걸 보여준다. 우리의 작은 움직임이 나비 효과가 되어 커다란 변화를 몰고 올 수 있다. 지구를 건강한 모습으로 되돌리기 위해 고기 먹는 횟수와 새 옷 사는 횟수를 줄이고, 전기 사용을 조금이라도 줄인다면 환경을 지키는 일이 그리 힘들고 지루한 일은 아닐 것이다. 혼자보다는 연대하고 행동하는 것이 지구를 위기에서 지켜낼 수 있다는 중요한 사실을 잊지 말아야 한다.

이 책의 교육 목적은 다음과 같다.

첫째, 환경 문제를 숫자나 데이터 분석이 아닌 문학 작품을 매개로 한 간접 경험을 통해 다양한 시각으로 바라볼 수 있게 한다. 인간 중심의 생각을 넘어서 다른 생명체에 대한 존중과 지속 가능한 생활 방식에 대해 생각해 보고 실천 방법을 모색하고 적극적으로 행동하도록 한다.

둘째, 환경 문제 해결을 위한 희망적 메시지와 긍정적 행동을 유도하고자 한다. 또한 지구와 조화롭게 살아가기 위한 방법을 모색하는 교육적 도구로서의 역할을 하고자 한다.

셋째, 지속 가능한 미래를 위한 지구 생태 시민 양성을 목적으로 한다. 지구 생태 시민이란 자신을 둘러싼 지역적, 지구적 환경의 변화를 이해하고 기후 변화와 환경 재난 등의 위기 상황을 극복하는 과정에 능동적이고 주체적으로 참여하는 시민을 말한다.

각 부의 마지막 부분에 있는 활동지는 형식에 구애받지 않고 자유롭게 이야기를 나누어볼 수 있는 논제로 구성되었다. 해당 주제에 대해 자신의 주장을 다듬어 입장을 밝히거나 생각을 정리하는 데 활용해보길 바란다.

독서 동아리나 부모 교육, 학교 동아리, 생태 교육과 환경에 관심 있는 많은 분들이 책을 통해 함께 생각하는 시간을 가지면 좋겠다. 깊이 있는 책 읽기와 사고 확장과 문해력 향상에 도움이 되도록 본문 뒤에 참고 도서 목록을 수록했다.

생태학자 최재천 교수는 영국 작가 새뮤얼 존슨의 표현을 인용해 "상호허겁(相互虛怯)이 인간을 평화롭게 만든다."라고 했다. 서로 적당히 거리를 두고 두려워하는 것이 생태계를 위한 일이라는 것이다. 아무 말 없이 항상 그 자리에 있는 자연을 조금은 두려워하는 마음으로 거리를 둔다면 생태계도 우리를 보호하고 존중해 줄 것이다.

우리가 살고 있는 생태 환경을 위기감으로 지키는 사람도 있지만 사랑해서 지키는 사람이 더 많을 것이다. 새소리를 듣고 싶어서, 숲이 주는 싱그러움을 호흡하고 작은 꽃을 보기 위해서 말이다.

이 책은 지구가 망가져 가고 있다는 불안한 마음을 전달하려는 것이 아니다. 아직 희망이 남아있다는 긍정적인 메시지를 전달하기 위함이다. 여러분이 책을 읽으며 환경에 대해 알아보고 관심을 갖기를, 문학과 함께 지구를 위한 여정을 시작해 보기를 바란다.

차 례

2부. 지구를 지키는 사람들

3부. 지속 가능한 사회로 가는 길

1부

그들만을 위한

지구는 없다

우리를 지키는 수호신

옛 시골 마을 모습을 떠올리면 제일 먼저 떠오르는 것이 마을 중심에 서 있는 당산나무이다. 초가집들이 조화롭게 늘어서 있고 좁고 구불구불한 흙길이 마을을 가로지르며 논과 푸른 들판이 펼쳐져 있는 농촌의 조용한 일상을 당산나무가 지켜보고 있다. 이 나무 아래에서 어르신들이 이야기를 나누고 아이들이 뛰어놀며 마을의 시간은 흘러간다. 계절이 바뀌고 세월이 흘러도 당산나무는 변함없는 수호자로 잎새를 통해 세대를 이어온 이야기를 전한다.

마을에 우뚝 서 있는 당산나무는 수호신처럼 마을의 평화와 안녕을 지키고 기원한다. 나무를 신성시하는 것은 오랜 토템(Totem) 사상이다. 조상들은 오래된 나무에 신이 있다고 여겼다. 또한 나무를 천상과 지상 세계를 연결하는 매개체로 간주해 신들의 메시지를 받는 제단이라고 생각했다.

물론 요즘 나무에 신이 깃들어 있다고 믿는 사람은 없다. 하지만 당산나무는 지난 세대의 삶과 소망을 간직하고 있으며 그 마음은 나무를 심고 보호하는 마음으로 이어졌다. 당산나무를 소중하게 여기는 우리 조상들의 생활 모습은 심각한 환경 문제에 당면한 우리가 앞으로 어떻게 살아가야 하는지에 대해 생각하게 한다.

소설 《사마아》에서 나무는 우리의 옛 시골 마을을 지키고 있는 당산나무처럼 환경 파괴로 피폐해진 땅에서 생존의 이야기를 속삭인다. 또한 나무가 단순한 식물이 아니라 조상들의 지혜와 생명의 존중을 상징하고 있음을 되새기게 한다. 신비로운 과거와 디스토피아적 미래가 뒤섞인 소설은 우리의 뿌리가 자연의 운명과 얼마나 깊이 얽혀있는지를 조용히 말하고 있다.

열두 살 소녀 '사마아'는 사막에서 유목 생활을 하는 부족의 일원이다. 이들은 사냥꾼이 사냥한 것을 도시에 내다 팔아 생필품을 마련한다. 그런데 사냥꾼들이 사냥하는 것은 동물이 아니라 나무다.

소설의 배경은 지구상에 동물이 멸종되고 식물과 나무조차도 숨어서 서식하는, 환경이 완전히 파괴된 미래다. 사마아는 남자들만 할 수 있는 사냥꾼이 되는 것이 꿈이다.

《사마아》 마리 파블렌토 지음

사마아의 부족에는 나이가 들어 부족에게 짐이 되면 스스로 떠나서 은거 천막인 뮈르파에서 지내다가 생을 마무리하는 전통이 있다.

랑시엔이라는 여성도 죽음을 앞두고 뮈르파에 기거하고 있다. 그녀는 마을에 있을 때도 나무를 사냥하지 않아야 우리가 살 수 있다고 주장했다. 하지만 부족원들은 이를 무시했다. 나무를 사냥하지 않으면 생필품을 구할 수 없기 때문이다. 사마아도 그런 말을 하는 랑시엔을 인정할 수 없었다.

어느 날, 사마아는 몰래 사냥꾼들을 따라 사냥터로 가다가 길을 잃고 구렁에 빠진다. 단백질 바와 산소통으로 겨우 생존하던 중 사마아는 '나이아'라는 나무 덕분에 샘이 생기고, 씨앗으로 작은 나무들이 생겨나며, 벌레와 작은 동물이 나무에서 살아가고 새가 날아오는 것을 경험한다. 사마아는 그제야 랑시엔이 한 말의 의미를 깨닫는다.

사마아는 과연 나무와 생태의 중요성을 부족원들에게 전파하고 자연의 풍요로움을 되찾을 수 있을까? 숲을 만들고 황폐한 사막에 생명을 되돌릴 희망적인 결말을 기대해 본다.

기후 위기로 분단된 세상

2023년 11월 30일, 유엔사막화방지협약은 가뭄 데이터를 담은 보고서를 발간했다. 유엔기후변화협약 사무총장 이브라힘 티아우는 가뭄이 조용한 재난으로 대중적, 정치적 반응을 즉각 불러일으키지 못한다고 언급했다.

유엔환경계획에 따르면 사막화는 3,600만 제곱킬로미터의 땅에 영향을 미치고 있고, 2억 5,000만 명이 영향을 받고 있으며, 2045년까지 1억 3,500만 명이 추가로 기후 난민이 될 것이라 예상된다고 밝혔다.

환경이 파괴되어 원시 부족 같은 생활을 하는 사마아의 삶은 기후 난민이라고 해도 무방하다. 사마아의 부족은 사냥꾼들이 사냥한 나무를 대도시에서 생필품으로 바꾸어 살아간다. 부족의 사냥꾼들이 나무를 가져오지 못하면 부족원들은 굶주림에 시달린다. 사마아 부족은 벌써 세 차례의 기근을 겪었다. 엄마가 자기 몫의 식량과 산소통을 준 덕분에 살 수 있었던 사마아는 엄마의 움푹 파인 뺨과 자신의 입안에 메마른 혀의 느낌으로 굶주림을 기억한다.

사마아는 어릴 적 아빠와 함께 대도시에 가본 적이 있다.

"혹독한 가뭄과 사막화를 막아야 한다", YTN사이언스, 2023년 12월 19일

대도시의 건물들은 하늘을 찌를 듯 모래 위에 장엄하게 솟아있었다. 숨 막히게 위협감을 주는 모습이었다. 대도시 사람들은 높은 타워 상층부에 살았고, 평민들은 곰팡내와 지린내가 진동하는 대도시 땅 밑 지하부에서 살았다. 대도시 사람들은 땅을 깊이 파서 물을 찾아냈고, 그 물을 공장에서 압축해 비타민이 함유된 젤리 물로 만들었으며, 복잡한 공정을 거쳐 산소로 가공해 통에 담았다. 사마아는 구렁에 있는 맑은 물이 젤리 물보다 훨씬 더 좋은데 왜 대도시 근처에는 구렁이 없고 모래만 있는지, 대도시 사람들은 왜 물을 찾아 싶은 낭 밑으로 내려가는시 궁금해 했다.

대도시 사람들이 인공적인 방법으로 물을 생산하는 것은 지속 가능하지 않은 생활 방식에 따른 환경 파괴의 결과일 것이다. 자연과의 조화를 잃고 기술에 의존할 수밖에 없는 현재 우리의 생활 방식과도 많이 닮았다. 기근으로 부족원들이 죽고 산소를 구하지 못해 임신한 여자가 뱃속 아기를 잃거나 아기가 태어나자마자 숨이 막혀 죽는 일은 대도시에 사는 사람들이 아닌 사마아와 같은 부족들에게만 일어난다. 언제나 의사 결정은 권력을 가진 소수의 사람에 의해 이루어지지만 기후 위기의 피해는 그런 결정권과는 거리가 먼 사람들이 받는다. 이런 현실은 우리에게 권력과 정의에 대한 중요한 질문을 던진다.

🌳 아낌없이 주는 나무

사막화가 일어나는 이유는 기온 상승이나 가뭄과 같은 자연적 원인과 과도한 방목 및 경작, 관개, 삼림 벌채 등의 인위적 원인을 들 수 있다. 아시아와 유럽, 중남미의 사막화는 삼림 파괴가 가장 커다란 원인이다. 이렇게 사막화가 진행되면 생물종의 소멸과 식량난을 초래한다.

국제식물원보존연맹은 '세계 나무 현황 보고서'에서 전 세계 나무종의 29.9퍼센트에 해당하는 1만 7,510종이 멸종 위기에 처해 있다고 밝혔다. 이는 전 세계 나무종의 약 3분의 1에 해당하고, 멸종 위기에 처한 포유류, 조류, 양서류, 파충류를 모두 합친 수의 두 배에 달한다. 식물학자들은 나무의 멸종 속도가 빨라지면 생태계 전반이 무너져 내릴 수 있다고 경고했다.▓

기후 변화 탓에 식목일의 날짜를 바꿔야 한다는 의견이 있다. 4월 5일 식목일은 나무를 아끼고 많이 심는 것을 권장하기 위해 지정한 국가 기념일로 1946년부터 지금까지 이어지고 있다. 그러나 지구 온난화로 3월 기온이 높아지면서 식목일을 앞당겨야 한다는 의견이 많아졌다. 현 식목

▓   "전세계 나무 종류 30%, 멸종위기..142종은 이미 사라져", 경향신문, 2021년 9월 1일

일에 나무를 심으면 이미 생장을 시작한 뿌리가 새 땅에 자리를 잡지 못하기 때문이다. 하지만 식목일의 날짜 변경보다 식목일의 의미를 지키고 기리는 것이 더 중요하다는 의견도 있다. 실제 산림청의 국민 인식 조사에 따르면 나무를 심어본 적이 없다고 대답한 응답자가 조사 대상자의 41퍼센트에 달했다.

한국은 황폐해진 산림을 복원시킨 세계 유일의 국가로 알려져 있다. 2020년 산림청이 보도한 유엔식량농업기구 산림위원회의 발표 결과를 보면 최근 25년(1990~2015) 동안 한국의 산림 사원 증가율은 세계 1위였다. 이런 지부 쉼으로 식목일의 의미를 되새기고 평소에도 나무 심기나 식물을 키우는 데 관심을 두고 행동으로 옮겨보자. 나무를 심을 상황이 여의치가 않으면 도심 자투리땅에 식물을 키우기만 해도 열섬 현상은 물론 대기 오염까지 줄일 수 있다.▩

1977년 그린벨트 운동을 시작해 30년간 아프리카에 무려 3,000만 그루 이상 나무를 심은 '나무들의 어머니' 왕가리 마타이는 이렇게 말했다.

"내일 당장 변화가 오지 않더라도 약간의 차이는 분명

▩   "식목일에 나무 심으면 실제로 효과가 있을까?", 경기도뉴스포탈, 2022년 4월 4일

생긴다. 작은 차이의 첫걸음이 나무를 심는 것이다."▧

나무를 사냥하며 살아가는 사마아의 세상에서는 사막이 야금야금 늘어나다가 결국 세상을 뒤덮어 버렸다. 그래서 나무는 살아남기 위해 인간의 눈을 피해 깊은 구덩이에 몸을 숨기고 자신만의 세상을 만들었다. 그러자 샘물이 생기고 곤충과 작은 동물이 살게 되고 새들이 날아오고 열매를 맺게 되고 씨앗을 품을 수 있었다. 나무를 중심으로 만들어진 작은 생태계가 파괴된 절망적인 세상을 지키고 있던 것이다.

사냥터로 가다가 길을 잃고 구렁에 빠진 사마아에게 나무 나이아는 어머니와 같은 대자연의 힘으로 안식처가 되어주고 자기 껍질을 내주며 보듬어준다. 나이아는 땅에 뿌리를 박고 서서 태양으로부터 보호해 주었다. 부러진 가지들은 무기가 되어주고 발목을 낫게 하기도 했다. 마치 사마아의 엄마가 기근 때 자기 몫의 식량과 산소통을 사마아에게 주어 사마아가 살 수 있었던 것처럼. 나이아의 껍질을 벗겨 먹으면서 사마아는 그에게 진심으로 고마움과 존경심을 갖는다.

하지만 사마아를 찾은 사냥꾼들은 그런 나이아를 베어

▧   윤해윤, 《왕가리 마타이》, 나무처럼

버리려고 한다. 나이아가 없었다면 자신은 죽었을 거라며 사마아는 대장 사냥꾼에게 울면서 애원하지만 나이아는 결국 쓰러진다. 나이아가 쓰러질 때 구슬픈 신음이 구렁을 채웠다. 이 장면에서 우리는 인간이 얼마나 무지한지, 자연을 파괴하는 모습이 얼마나 폭력적인지 생생하게 느낄 수 있다.

나이아가 나무 사냥꾼들에 의해 쓰러지는 모습은 아메리카 원주민 체로키족의 흰참나무 이야기를 떠올리게 했다. 체로키족은 벌목꾼들로부터 참나무 숲을 지키려 했지만 역부족이었다. 그러자 숲에서 가장 큰 흰참나무 한 그루가 스스로 쓰러지며 나머지 숲을 구하는 희생을 보여주었다. 나이아도 마찬가지로 사마아에게 씨앗을 선물하며 아기 나무 폴록을 살리고 사마아가 씨앗을 지킬 수 있도록 돕는다.

사랑하는 소년을 위해 모든 것을 주는 '아낌없이 주는 나무'▒의 모습처럼 나이아도 인간들에게 무조건적 사랑과 희생을 보여준다. 하지만 소년이 나무가 준 것의 가치를 깨닫지 못하는 것처럼 인간은 여전히 나무 사냥꾼의 어리석은 행동을 반복하고 있다.

▒   1964년 발표된 미국 아동 문학가 셸 실버스타인의 동화

🌑 손에 쥔 희망의 씨앗

부족 사람들은 사마아를 이상한 아이라고 생각한다. 여자면서 사냥하러 가겠다고 하고 이상한 책을 읽겠다고 하기 때문이다. 랑시엔은 이런 사마아에게 용감하다며 자기가 실패한 일을 해낼 수 있을 거라고 한다.

과거 랑시엔 역시 부족 사람들에게 이상한 사람 취급을 받았다. 특히 부족의 남자들은 랑시엔을 멸시했다. 사냥꾼들이 나무를 구해 올수록 랑시엔이 화를 냈기 때문이다.

하지만 랑시엔은 계속해서 나무 이야기를 늘어놓았다. 옛날에는 나무가 없는 곳이 없었고, 장엄하고 위풍당당하게 숲을 이루었으며, 나무의 껍질은 독이 되기도 하고 약이 되기도 한다고. 나무의 잎사귀와 열매는 우리의 먹거리가 되고, 숲은 그늘 지고 시원해서 온갖 생물을 살게 해 준다고. 땅속에 박힌 나무의 뿌리는 물을 붙잡아 두기 때문에 나무를 베면 물이 마른다고. 살아있는 나무는 곧 생명이라고.

이런 랑시엔의 외침을 아무도 귀담아 듣지 않는다. 하지만 그녀는 굴하지 않고 자신의 기억을 부족원에게 전했다. 반면 사냥꾼의 대장인 칼로는 사막이 살아 움직인다며, 사막이 달리고 있으니 사냥꾼은 사막과 경주를 벌여야 하는 것이라고 했다. 자연은 정복하는 것이라는 사냥꾼의 생각과 공존하는 것이라는 랑시엔의 대조적인 모습을 보면서 자연을 대하는 인간의 태도에 대해 생각하게 된다.

부족원들이 눈앞에 닥친 생존의 문제에 집중하는 동안 랑시엔은 장기적 지속 가능성에 대해 고민하며 생태계와 조화를 이루며 살아가는 방식을 이야기했다. 그렇다면 우리는 어떻게 해야 할까? 오늘을 살아가는 것을 넘어서 미래 세대가 이 지구에서 생존할 수 있도록 환경을 보호해야 하지 않을까? 그러자면 생존과 환경 보존과의 균형을 찾는 과정에서 불가피한 고통을 감내해야 할 것이다.

아빠에게 읽는다는 것은 여기에 없는 것을 생겨나게 하는 것이라고 배운 사마아는 읽기를 멈출 수가 없다. 아빠는 사마아에게 세상에 거의 남아있지 않은 제일 귀한 물건인 책을 선물로 주었다. 책에는 글자들이 넘쳐났고 사마아는 보물처럼 책을 소중히 여겼다. 글로 된 책 속 세계를 상상하고 그려보는 사마아는 다른 여자아이들과 달리 자신의 운명도 스스로 그려나갔다.

구렁에서 나이아가 만든 세계를 접한 이후 사마아는 나무를 묶을 밧줄을 꼬는 대신 아기 나무들에게 물을 주며 나이아의 아기들을 살리기 시작했다. 사마아 덕분에 아기 나무들은 아주 조금씩 하늘을 향해 자라기 시작했다.

나이아가 나무 사냥꾼의 손에 죽은 이후에도 사마아는 포기하지 않고 친구 솔라를 설득했고, 솔라는 마침내 사마아의 이야기를 귀 기울여 듣기 시작했다. 사마아는 엄마와 랑시엔과 함께 구렁으로 돌아가 나이아의 아이들인 씨앗을 심었고, 솔라와 몇몇 부족원은 빈 구렁을 샅샅이 뒤져 씨앗을 그러모았다. 그리고 그들은 다른 사냥꾼들과 도시 부자들로부터 숲을 지키다가 죽어갔다.

중국 마오우쑤 사막에 나무를 심은《사막에 숲이 있다》의 저자 인위쩐처럼 사마아도 부족이 사는 사막에 숲을 만들려고 했다. 사막에 꽃과 나무를 심으면 사람이 사는 곳 같지 않을까 하는 마음에 시작한 인위쩐의 행동이 숲을 만든 것처럼 나이아의 씨앗들도 강인한 생명력으로 살아 남아 마침내 사마아의 후손들은 젤리 물도 산소통도 사용하지 않게 되었다. 이는 보물처럼 간직한 책을 읽었기 때문이다. 또한 랑시엔이 그녀의 기억을 사마아와 후손에게 나눠 준 덕분이다. 사마아의 후손들 또한 숲을 어떻게 조성했는지 숲을 지키기 위해 어떤 노력을 했는지를 계속해서 책을 통해 전달해 나갔다.

책은 정보를 제공하는 것을 넘어서 사람들의 생각과 태도에 영향을 미치고 개인의 성장과 사회적 변화의 촉매제 역할을 한다. 레이첼 카슨이 쓴《침묵의 봄》이 환경 운동

의 발판을 마련한 것처럼 책을 읽는다는 것은 사람들의 정신을 깨우고 행동하게 하며 세상을 바꾸게 한다. 그렇게 얻은 삶의 경험은 더 지혜롭고 효과적인 방식으로 현재와 미래의 문제를 대처하게 한다.

힘이 중시되는 사회는 문제를 해결할 능력이 없다. 권력과 무관한 어린 소녀가 자신이 살아왔던 세계에서 환경 문제의 해결책을 찾아냈다. 그녀의 손에는 아버지의 가르침이 담긴 책이 들려있었고, 그녀의 마음과 귀는 경험을 공유하는 랑시엔에게 열려 있었다.

운명을 바꾸려는 의지와 용기는 디스토피아마저 유토피아로 바꾸었다. 사마아는 황폐한 사막에서 생존는 방법으로 생명의 가치를 깨닫고 소통의 부재를 해결하는 걸 택했다. 나이아의 씨앗을 손에 꼭 쥐고 온 사마아는 희망의 메시지를 전했다.

사마아와 같은 우리 청소년들이 만들어가는 미래는 분명 지금보다 나을 것이라고 기대한다.

사고를 확장하는 토론·논술 활동

1 이 책의 사냥꾼들은 동물이 아니라 나무를 사냥합니다. 그들이 나무를 '사냥한다'고 표현한 이유는 무엇일까요?

2 과거를 기억하는 인물인 랑시엔과 같은 노인이 사회의 결정과 미래에 어떤 영향을 미치는지 이야기를 나누어 보세요. 특히 환경 보존이라는 맥락에서 역사를 기억하고 배우는 것의 중요성에 대해 토의해 봅시다.

3 랑시엔은 틈날 때마다 환경이 파괴되기 전의 세상에 대해 말합니다. 사냥꾼이 나무를 대도시에 팔지 않으면 생존이 어려운 현실에서 그녀가 나무를 베지 못하게 하는 것에 대해 어떻게 생각하나요?

☐ 동의한다. ☐ 동의하지 않는다.

4 4월 5일은 식목일입니다. 산림청은 식목일 날짜를 변경하는 방안을 추진하고 있는데 이유는 기후 변화 때문입니다. 3월 중하순경이 나무 심기의 최적 시기로 평가되므로 식목일을 앞당겨야 한다는 의견입니다. 하지만 식목일의 역사적, 상징적 의미가 있으므로 반대하는 의견도 있습니다. 여러분의 생각은 어떤가요?

☐ 식목일을 3월 중하순으로 앞당겨야 한다.
☐ 식목일을 4월 5일로 유지해야 한다.

5 인간의 생존과 환경의 보존에 대해 생각해 보고, 이 책에서 제시하는 디스토피아적 세계는 현재 우리 사회에 어떤 경고나 메시지를 준다고 생각하는지 논술해 봅시다.

괜찮지 않다는 걸 알면서도

학원 쉬는 시간, 배고픔은 빠른 걸음으로 나를 편의점으로 이끈다. 오늘의 간식은 내가 좋아하는 컵라면과 친구가 고른 소시지. 비닐 포장이 되어있는 소시지를 그대로 전자레인지에 돌리고 뜨거운 물을 컵라면 용기에 붓는다. 전자레인지가 우리들의 간식을 조리한다. 일회용 나무젓가락으로 라면 뚜껑에 라면을 덜어 후루룩 먹고 일회용 플라스틱 포크로 소시지를 반으로 나누어 먹는다. 배가 부르면 졸음이 쏟아질 터. 수업 시간에 졸지 않기 위해 커피 한 잔은 필수다. 일회용 컵에 담긴 커피 한 잔을 들고 다시 학원으로 향한다.

학원 수업을 마치고 집에 도착하자마자 배는 또다시 요동친다. 공부를 하려면 배가 든든해야겠지? 허기가 지면 집중을 할수 없잖아. 야식으로는 뭐가 좋을까? 엄마를 졸라 배달 음식을 주문한다. 배달은 1만 5,000원 이상 주문해야 해서 평소 먹는 양보다 많이 주문했다. 플라스틱 배달 용기에 포장된 떡볶이과 어묵이 식지 않고 따뜻하게 도착했다. 역시 배달의 나라다. 비닐봉지에 붙은 종이 영수증을 꼼꼼히 보며 주문 확인. 엄청 많네. 먹다가 결국 남기고 만다. 먹다 남긴 음식은 그대로 냉장고로. 내일 전자레인지에서 다시 만나자.

편리함 속에 숨겨진 환경 호르몬의 위험과 마주하는 순간들이다. 환경 호르몬은 몸에서 정상적으로 만들어지는 물질이 아니라 산업 활동을 통해 생성되고 분비되는 화학 물질이다. 정식 명칭은 내분비계 교란 물질. 환경 호르몬은 오존층 파괴, 지구 온난화 문제와 함께 세계 3대 환경 문제로 대두되고 있다. 환경 호르몬은 다이옥신, 비스페놀A, 프탈레이트 등이 대표적인데 즉각적으로 영향이 나타나지 않고 장기간에 걸쳐 천천히 나타나기에 위험성을 실감하기가 어렵다. 그러나 일상에서 사용하는 제품에서 흔히 발견할 수 있다.

바쁜 현대인들의 편리를 위해 사용되는 수많은 제품 속에 인간과 생태계에 독이 되는 환경 호르몬이 우리를 노리고 있다. 저렴하고 편리한 제품들을 선택하는 과정에서 우리는 어떤 환경 호르몬에 노출되어 있을지 생각해 보자.

== *the book's summary* ==

주인공인 '나'는 어린이용 장난감과 문구 만드는 회사에서 4년 넘게 일했다.

어느 날 회사가 장난감을 만들 때 유해 물질인 프탈레이트계 가소제를 기준치보다 높게 넣는다는 사실을 알게 된 나는 상사인 영업부장에게 문제를 제기했지만 회사에서 쫓겨나다시피 한다.

사직서를 내고 본가에 온 나는 치킨 가게 사장에게 돌담집에 관한 이야기를 듣고 호기심에 사로잡힌다. 이후 그 돌담집이 어린 시절 친구 '장미'의 집이고, 말라버린 연못은 나와 장미가 함께 놀던 추억의 장소임을 알게 된다.

장미에게는 몸이 약한 미래라는 동생이 있었는데 대학교 1학년 때 죽었다. 동네 사람 오 씨의 낡은 관광버스를 타고 MT를 가다가 버스 엔진에서 불이 났기 때문이다. 동네 사람들은 하지 말아야 할 말들로 장미 부모님에게 상처를 주었다. 상처받은 장미 부모님은 수레를 끌고 다니면서 돌을 모았고 담 없이 살던 집 마당에는 돌담이 쌓였다. 돌담집을 보며 어린 시절의 나를 떠올려 본다. 그리고 나는 형편없는 어른으로 살지 않겠다고 다시 한번 다짐한다.

회사를 신고했지만 아직은 달라진 것이 없다. 나는 돌을 찾으며 길을 걸었다. 나는 왜 돌을 찾는 걸까? 나의 마음에 쌓인 돌담과 장미네 집 돌담은 왜 생긴 것일까?

《숨 쉬는 소설》 중 〈돌담〉
최진영 지음

프탈레이트는 플라스틱 제품의 가소제로 사용되는 화학 물질이다. 가소제는 플라스틱 제품을 부드럽고 단단하게 만드는 역할을 한다. 플라스틱 종류 중 질기고 잘 긁히지 않으며 단단한 폴리염화비닐(PVC)에 주로 프탈레이트계 가소제가 사용된다. 프탈레이트계 가소제가 사용되는 제품에는 장난감, 비닐 바닥재, 세제, 윤활유, 식품 포장재, 비닐 백, 매니큐어, 헤어스프레이, 향수 등이 있다.

프탈레이트계 가소제는 대표적인 내분비계 교란 물질이다. 입이나 피부, 호흡 등을 통해 우리 몸에 들어와 생식 기관 및 간 등에서 독성을 유발한다. 영유아에게는 큰 위험이 따를 수 있으며 임산부의 양수, 탯줄 등을 통해 태아에게도 영향을 미친다. 국내 규제 대상이 되는 프탈레이트계 가소제는 6종류(DEHP, DBP, BBP, DNOP, DIDP, DINP)로 어린이가 사용하는 물품들은 프탈레이트 6종의 총합이 0.1퍼센트를 넘지 않아야 한다.

2020년 말, 한때 '국민 욕조'라고 불리던 아기 욕조에서 환경 호르몬이 검출되어 자발적 리콜 사태를 한 사건이 있다. 산업통상자원부 국가기술표준원은 아기 욕조 제품의 마개에서 프탈레이트계 가소제가 기준치의 612.5배를 초과했다고 밝혔다. 가성비 육아 아이템으로 인기를 끌었던 제품에서 무려 600배가 넘는 프탈레이트계 가소제가 나왔다는 것은 매우 충격적이었다. 하지만 2023년 12월, 같은 회사에서 판매하는 인형 얼굴에서도 프탈레이트계 가소제가 기준치보다 6.4배나 많이 검출되어 회수 및 환불 조치가 이루어졌다.

이런 사건이 반복되는 것은 우리가 매일 접하는 물질의 위험성을 간과하기 때문이다. 개인과 사회, 기업의 부주의한 태도 탓이 크다.

여전히 어린이 장난감 중에는 깨알 같은 글씨로 '경고! 프탈레이트계 가소제가 용출될 수 있으니 입에 넣지 말 것'이라는 경고 사항이 표시된 것을 볼 수 있다. 이건 소비자 스스로가 제품을 선택할 때 신중하라는 것을 의미한다.

하지만 기준치를 크게 초과하는 프탈레이트계 가소제 검출과 그에 따른 대규모 리콜 사태는 기업의 안전 관리 실패 때문이므로 기업이 제품 생산과 판매에 책임 있는 태도를 보여야 한다. 또한 정부는 프탈레이트계 가소제 사용에 대한 규제를 강화하고 기준치를 초과하는 제품에 대한 철저한 조사와 함께 엄격한 처벌을 마련해야 한다.

제품의 안전성에 대한 정보가 충분히 제공되지 않는 경우가 많기 때문에 소비자도 더 신중하고 적극적인 태도를 가져야 한다. 구매하기 전에 제품 정보를 꼼꼼히 검토하고 제품의 안전성에 관한 정보를 국가와 기업에 지속해서 요구해야 비로소 자신과 가족의 건강을 보호할 수 있다.

소설 속 주인공이 일하던 장난감 회사는 이미 몇 년 전에 프탈레이트계 가소제 기준치 초과 문제에 휘말렸다. 하지만 리콜 사건이 잠잠해지자마자 다시금 금지된 화학 첨가제를 사용했다. 제품 안전성 인증을 받기 위해 별도로 제품을 생산하고, 인증을 통과한 다음부터는 사용 금지된 화학 첨가제를 사용했다.

이 사실을 알게 된 주인공은 다들 독성 물질인 걸 알고도 쓰는 것인지, 당장 해를 끼치지 않아서 괜찮다고 여기는 것인지, 다른 회사에서도 쓰고 있는 것인지 혼란스럽기만 하다. 플라스틱 제품에 많이 쓰인다면 자신이 쓰는 물건에도 첨가되었을 텐데 지금 아프지 않으니 괜찮은 걸까? 몸에 쌓이면 언젠가 병이 드는 건 아닌가?

이런 고민에 빠져있는 와중에도 편의점에서 플라스틱 도시락을 데워 먹고 도시락 반찬에서 쉰 맛이 나도 뱉지 않는다. 상한 것 조금 먹는다고 죽진 않을 거라는 막연한 안일함과 '괜찮겠지. 아직은 괜찮겠지' 하는 안전 불감증을 보여주는 상황이다.

주인공은 용기를 내어 영업부장에게 프탈레이트계 가소

제의 문제점을 제기했지만 반응은 냉담했고 주인공을 분란을 일으키는 협박범으로 몰아갔다. 영업부장은 요즘 사람들은 왜 이리 과민하냐며 다들 그런 물건들을 사용하며 자랐지만 지금까지 잘 살고 있지 않냐고 반문했다. 사람은 그렇게 쉽게 죽거나 병들지 않는다면서 문제를 제기하지 않으면 문제가 되지 않는다고 자신의 잘못된 행동을 정당화했다.

주인공과 영업부장의 행동은 환경 호르몬의 위험성에 대한 인식 부족이 사람들의 행동에 어떤 영향을 미치는지를 보여준다. 정보가 부족하거나 모호할 때 사람들은 위험을 간과하고 편한 대로 선택하는 경향이 있다.

또한 이 사례는 경제적 이익만 추구하는 기업의 비윤리

적인 행위에는 우리의 지속적인 관심과 감시가 필요함을 알려준다. 적극적인 예방과 대응만이 환경 호르몬의 잠재적 위험을 막을 수 있다.

안전 불감증 때문에 장미가 세상에서 가장 사랑하는 동생 미래는 죽음을 맞이한다. 동네 사람 오 씨는 시내버스를 몰다가 퇴직한 후 낡은 관광버스를 사서 10년 넘게 운행했다. 동네 사람들은 저 버스가 아직도 굴러다니냐며 저러다 큰 사고 난다고 구시렁거리면서도 결혼식이나 야유회 등 단체로 타지에 가야 할 일이 생기면 오 씨의 관광버스를 빌려 탔다. 같은 동네 사람이 관광버스를 운영하는데 모르는 사람 것을 빌려 타기도 민망하고, 낡았어도 아는 사람이 운전하는 버스가 더 편하다면서 말이다. 미래의 아버지도 미래에게 버스를 빌릴 거면 오 씨 버스를 써주라며 권했다. 결국 '괜찮겠지. 아직은 괜찮겠지'라며 무심코 지나친 안전 불감증이 미래의 목숨을 앗아간 것이다.

🌑 내 몸은 내가 지켜라?

프탈레이트계 가소제와 같은 화학 물질은 장난감, 화장품, 가정용품 등 일상생활 속에서 흔히 사용되기 때문에 위험성을 간과하기 쉽다. 또한 증상이 즉각적이지 않고 장기간에 걸쳐 나타나기 때문에 위험을 실감하기가 어렵다.

게다가 바쁜 현대인들은 패스트 푸드와 밀키트, 배달 음식의 유혹에서 벗어나기는 어렵다. 바쁘다는 핑계로 이런 음식들로 배를 채우는데 음식의 재료도 걱정이지만 배달 음식이나 밀키트의 포장 용기, 조리하는 과정에서 나오는 유해 물질을 걱정하지 않을 수 없다.

신선한 재료로 집밥을 만들어 먹는다고 해도 안전한 조리 기구를 사용하는 것이 중요하다. 잘못된 조리 기구를 사용하면 유해 물질이나 환경 호르몬에 노출될 수 있다.

식약처는 기구 및 용기와 포장에서 나오는 물질의 안전성을 위해 '식품용 기구 및 용기·포장의 기준 및 규격(식약처고시)'을 정해 관리하고 있다. 그래서 식품용 기구에는 '식품용'이라는 문구 또는 '식품용 기구 도안'이 있으므로 꼭 확인하고 사용하길 바란다.

조리법에 따라 식품 용기의 재질도 구분해야 한다. 식약처의 '전자레인지용 식품 용기 안전 사용 가이드(2020년)'에 따르면 가정 간편식은 대부분 용기 포장 그대로 전자레인지에 넣을 수 있으나 일부 폴리스티렌 재질의 컵라면이나 알루미늄 포일로 포장된 제품은 그렇게 사용하면 안된다. 또 용기 재질에 따라 조리 시 외형의 뒤틀림이 발생할 수 있으므로 사용 가능한 내열 온도도 확인해야 한다.

조리 도구뿐만 아니라 화장품이나 세제에서도 화학 성분이나 환경 호르몬이 많이 검출되므로 몸에 해로운 물질을 줄이는 노력이 필요하다. 일명 '바디버든(body burden) 줄이기'이다. 바디버든이란 일정 기간 체내에 쌓인 유해 물질의 총량을 말하며, 바디버든 줄이기는 일상생활에서 자주 사용하는 화장품이나 세제, 조리 도구 등에서 발생하는 유해 물질로부터 내 몸을 보호하자는 실천 행동이다.

그러고 보니 내 몸을 지키기 위해 해야 할 일들이 너무 많다. 플라스틱 용기는 전자레인지 사용이 가능한지 확인해야 하고, 다용도 물통은 냉동실 사용이 가능한지, 뜨거운 물은 몇 도까지 사용 가능한지 살펴보아야 하고.

화장품은 제품에 부착된 성분 표시를 확인해야 하고, 잘 모르겠는 성분은 찾아봐야 하고, 세제는 친환경 제품인지 사용 정량은 얼마인지 알아두어야 하고.

사실 이런 일들은 피곤하고 귀찮다. 건강을 챙기기 위해 그 정도의 수고로움은 당연하다고 생각할 수도 있지만 '네 몸은 네가 알아서 챙기라'는 것 같아 씁쓸하기만 하다.

"환경 호르몬이 무서워... 컵라면·튀김 종이도 확인하세요", 헤럴드경제, 2024년 1월 28일

국가는 국민의 건강과 안전을 위해 노력해야 할 의무가 있다. 유해 물질의 사용을 규제하고 제품이 안전한지 감독하는 것, 소비재에 포함되는 화학 물질의 안전 기준을 설정하고 준수하도록 감독하는 것이 바로 그것이다.

더불어 제품의 성분과 유해성에 대한 정보를 소비자가 쉽게 확인할 수 있는 형태로 제공하기를 바란다. KC 인증※ 제품으로 광고한 아기 욕조에서 프탈레이트계 가소제가 기준치보다 높게 검출된 일은 인증 마크에 대한 소비자의 불신을 초래했다. 안전한 제품에 대한 인증 마크 제도를 소비자가 믿을 수 있게 운영하여 소비자가 인증 마크만 보고도 믿고 사용할 수 있도록 정보의 접근성과 신뢰도를 높여야 할 것이다.

● '아직은' 바뀌지 않았다

소설 속 주인공은 장난감과 문구 만드는 회사에서 상품 디자인 업무를 맡았는데 사원들 대부분이 2년을 채우지 못

※ 안전·보건·환경·품질 등의 법정 강제 인증 제도를 단일화한 국가 인증 통합 마크를 말한다.

하고 퇴사했고, 사장 가족을 제외한 모두가 무기계약직이었다. 사장은 가족 대하듯 직원을 대한다고 말하지만, 그건 야근과 주말 근무를 당연시하는 걸 돌려 말한 것일 뿐 근로자의 근무 여건을 개선하겠다는 말이 아니다.

프탈레이트계 가소제가 아니더라도 이미 주인공의 일터는 부당함으로 가득 차 있었다. 사람을 해치는 장난감을 팔아서 받는 월급이 통장에 찍힐 때마다, 사장이 신문으로 정수리를 내리치며 고함칠 때마다, 모욕감은 마음속에 돌담을 쌓았다. 죄를 지은 듯 휴가를 쓰게 될 때마다, 명절에 받는 신발이 넘쳐 양말 세트일 때마다 돌담은 더 높아만 갔다.

주인공 마음에 쌓인 돌담은 어린 시절 추억이 서린 장미의 집에서 실제 돌담의 모습으로 형체를 드러냈다. 동네 사람들이 자식을 잃은 장미의 부모에게 무심코 건넨 말들은 프탈레이트계 가소제처럼 독이 되어 깊은 상처를 남기고 거대한 돌담으로 형상화되었다.

주인공은 장미와의 추억에 잠겨 더 이상 나빠지기 싫다고 생각했다. 괜찮지 않음을 알면서도 '괜찮겠지. 괜찮겠지. 아직은 괜찮겠지' 하는 기만적인 생각에 익숙해진 것을 알고 나자 스스로가 형편없는 어른이 되어가고 있다고 느껴졌다. 주인공은 잘못에 대한 아무런 대가도 치르지 않은 것에 죄책감을 느꼈고, 유사한 상황이 반복될 때마다 외면하려 애썼던 자기 모습에 거부감이 들었다. 그러자 사람을 해치는 장난감을 판매한 대가로 월급을 받는 상황에 머무르는 것이 불가능했다.

주인공과 달리 다른 직원들은 모른다는 것조차 몰라서 아무 죄도 짓고 싶지 않은 사람들이다. 그들은 '안 됩니다', '잠깐만요', '곤란합니다'와 같은 말을 하지 않고 침묵했다. 잘못된 것을 보아도 구차한 이유를 들어 모르는 척했다. 이들의 모습은 장미 부모가 높은 담장을 쌓는 모습이 불편해서 더 높고 길게 돌담을 쌓으라고 돌을 가져다주는 동네 사람들의 모습과 닮았다.

주인공은 결국 회사를 신고했다. 아직은 아무것도 바뀐 것이 없다. 공장은 계속 돌아가고 세상엔 눈보라가 몰아쳤다. 주인공은 회사의 조사를 재촉해야 하는지, 인터넷 카페와 SNS에 터트려야 하는지, 자기에게 그럴 책임과 의무가 있는지 고민했다.

주인공의 행동을 여러분은 어떻게 보는가? 나는 환경 보호와 공공의 안전을 위해 사회적 책임을 다하는 행동이라고 본다. 문제를 해결하고 더 큰 피해를 방지하기 위한 적극적인 조치라고 생각한다. 이러한 책임감 있는 행동이 업계 전반의 환경 안전 기준을 높이는 데 도움이 될 것이라고 기대한다.

　주인공의 책임감 있는 행동에도 불구하고 '아직은' 아무 것도 바뀌지 않았다. 하지만 '아직은'이라는 말에 담긴 가능성에 주목하고 싶다. 주인공은 더 나빠지지 않았고 돌 하나를 쌓기 시작했다. 돌을 쌓기 시작한 그 움직임은 우리 모두에게 희망의 여운을 남긴다. 긍정적인 변화를 향한 용기 있는 목소리의 중요성을 상기시킨다.

사고를 확장하는 토론·논술 활동

1 2020년 12월, 아기 욕조에서 안전 기준치 612배가 넘는 유해 물질이 검출되었다는 소식이 알려졌습니다. 이후 제품을 사용하던 약 3,000명은 제품 사용으로 아이에게 건강 이상이 생겼다며 2021년 2월, 이들 업체와 대표를 어린이 제품 안전 특별법 위반 혐의로 경찰에 고소했습니다. 그해 6월, 경찰은 사건을 검찰에 송치했습니다. 한국소비자원 소비자분쟁조정위원회는 제조사와 유통사가 소비자에게 배상하도록 조정 결정을 내렸고, 집단 분쟁조정 결정을 수락한 2,590명은 가구당 5만 원씩 위자료를 받았습니다. 다만 판매처는 제조 원료의 변경을 알았거나 알 수 있었다고 볼 만한 사정을 인정하기 어렵다며 배상 책임에서 제외되었습니다. 이 제품의 90퍼센트 이상을 판매한 판매처가 책임에서 제외된 것에 대해 어떻게 생각하나요?

2 기업은 이윤 추구와 사회적 책임 사이에서 어떻게 균형을 맞추어야 하는지 소설 〈돌담〉을 읽고 든 생각을 바탕으로 이야기를 나누어 봅시다.

3 주인공은 회사가 프탈레이트계 가소제라는 유해 물질을 사용한다는 사실을 알고 회사를 신고합니다. 주인공은 회사의 비윤리적인 행위를 폭로할 의무가 있을까요?

☐ 비윤리적인 행위를 폭로할 의무가 있다.
☐ 비윤리적인 행위를 폭로할 의무가 없다.

4 기업은 소비사에게 제품에 대한 모든 정보를 제공할 의무가 있다고 생각하나요?

☐ 모든 정보를 제공할 의무가 있다.
☐ 모든 정보를 제공할 의무가 없다.

5 주인공이 프탈레이트계 가소제에 대해 문제를 제기하자 영업부장은 우리 제품 때문에 누가 죽었느냐, 우리 모두 잘 살고 있으며 사람은 그렇게 쉽게 죽거나 병들지 않는다고 하면서 당신 같은 사람들이 떠들어서 사람들을 불안하게 만드는 게 더 큰 문제라고 합니다. 문제 삼지 않으면 문제 될 게 없다는 영업부장의 말에 반론하는 글을 써봅시다.

플라스틱으로 뒤덮인 세상

우리가 살아가는 데 꼭 필요한 것은 무엇일까? 대부분은 물, 공기, 음식, 옷, 집과 같은 기본적인 것을 떠올릴 것이다. 생명을 유지하고 일상적인 삶을 영위하는 데 필수적인 요소이니까. 가족의 소중함도 빼놓을 수 없다. 물론 휴대전화를 가장 먼저 떠올리는 사람도 있을 것이다. 현대 사회에서 휴대전화 없는 삶은 상상하기 어렵다.

그런데 조금만 더 주변을 둘러보면 우리의 일상 속 깊숙이 자리 잡은 것이 있다. 바로 플라스틱이다. 아침에 눈을 뜨고 욕실로 향하는 순간부터 보자. 플라스틱 칫솔과 치약 튜브로 하루를 시작한다. 샴푸로 머리를 감고, 냉장고에서 비닐봉지에 담긴 빵과 비닐 코팅된 곽에 담긴 우유를 꺼낸다. 공부하려고 손에 쥔 볼펜들, 쉽게 뽑아 쓰는 물티슈…. 플라스틱은 오늘날 소비문화와 긴밀히 연결되어 있다. 우리는 모르는 사이에 플라스틱과 묘한 동거를 하고 있다.

만약 하루라도 플라스틱 없이 살아보기를 실천한다면 가능할까? 대나무 칫솔과 고체 치약을 사용하고, 바 형태의 비누와 샴푸로 씻고, 빵집에선 종이봉투에 빵을 담아달라 하고, 우유도 유리병에 담긴 것을 고르고, 또 플라스틱 볼펜 대신 연필로 공부하는 것이다. 이 정도로 해결된다면 다행이지만 주위를 둘러보니 한숨이 절로 난다. 지금 글을 쓰기 위해 눈을 들어 살펴보니 컴퓨터, 키보드, 마우스, 앉아있는 의자와 탁상용 조명 등 우리 주변에 플라스틱은 헤아릴 수가 없다.

'플라스틱 없는 집' 프로젝트를 실행한 오스트리아의 산드라 가족은 "근데 어쩔 수 없잖아. 플라스틱이 대세거든."이라는 친구들의 말에 빌끈하며 한 달 동안 플라스틱 없이 살아보기로 했다고 한다. 무작정 시작한 플라스틱 없는 삶은 첫 장보기부터 좌절을 안겨 주었지만 그들은 좌충우돌 시행착오를 거치며 느리지만 재미있고 유쾌하게 플라스틱 없는 삶을 실천해 나갔다.▨

6월 5일은 세계 환경의 날, 7월 3일은 일회용 비닐봉지 없는 날이다. 이날만큼은 의미를 되새기며 도전해 보는 건 어떨까? 부디 '나도 이 정도는 할 수 있겠다'라는 용기를 얻었으면 하는 바람이다.

▨   산드라 크라우트바슐, 《우리는 플라스틱 없이 살기로 했다》, 양철북

《나와 마빈 가든》
에이미 새리그 킹 지음

== *the book's summary* ==

열한 살 오비 데블린은 환경 문제에 관심이 많다. 그는 외가 성씨를 따라 지은 데블린 샛강을 매일 청소한다.

오비의 외가는 100년 넘게 70만 제곱미터에 이르는 땅을 일구어왔지만 지금은 황무지를 포함한 1만 제곱미터의 땅이 전부다. 나머지 땅은 모두 주택 단지로 개발되고 있다. 오비는 데블린 샛강을 자신의 일부라고 생각하며 청소하다가 괴생명체를 발견한다. 돼지처럼 생겼지만 돼지보다는 작고, 개의 코처럼 귀여운 코 끝과 미끌거리며 쫀득거리는 피부를 가진 생명체다. 놀랍게도 그 생명체는 플라스틱을 먹었다.

오비는 이 새로운 동물에게 '마빈 가든'이라는 이름을 붙여주고 관찰하기 시작했다. 플라스틱과 비닐봉지를 계속 먹은 마빈의 배설물은 엄청난 악취를 풍겼다. 마을 사람들의 신발을 녹이고 베란다에 구멍을 내기도 했다. 마을 사람들은 이를 불곰의 짓이라고 추측하고 포획하기 위해 덫을 설치한다.

오비는 마빈을 지키기 위해 친구 애니와 누나에게 마빈의 정체를 알리고 환경 문제에 진심인 지 선생님에게 도움을 요청했다. 지 선생님과 케빈 박사의 도움으로 마빈의 가족은 환경보호국의 보호를 받았다.

마빈은 데블린 샛강을 떠났고 오비는 마빈에 대한 연구 과제로 과학대회에서 상을 받았다. 오비는 지 선생님과 같은 교사가 되어 학생들에게 환경을 사랑하는 마음을 가르치겠다고 결심한다.

● '최고의 발명품'에서 '골칫덩어리'로

1863년 〈뉴욕타임스〉에 광고가 실렸다.

"상아를 대체할 당구공 물질을 가져오는 사람에게 1만 달러를
상금으로 주겠다."

19세기 미국에서 인기가 있었던 당구의 확산을 막는 가
장 큰 문제는 당구공이었다. 당시의 당구공은 코끼리 상아
로 만들었고 상아 한 개로 만들 수 있는 당구공은 7~8개
에 불과했다. 이 때문에 코끼리 사냥이 증가하고 상아의 가
격도 치솟았다.

1868년, 존 하이엇이 셀룰로이드라는 물질을 발명했다.
이 소재는 열을 가하면 원하는 형태로 만들 수 있고 식으면
상아처럼 단단해지는 특성을 지녔다. 그러나 충격을 받으
면 폭발하는 치명적인 단점이 있었다.

1907년, 벨기에 출신의 미국 화학자 레오 베이클랜드가
포름알데이드와 페놀을 사용해 최초의 합성수지인 베이클
라이트를 발명했다. 최초의 합성 플라스틱이었다. 그의 발

지식채널 〈플라스틱의 탄생〉, EBS, 2020년 8월 26일

명은 혁명을 일으켰지만 동시에 오늘날 우리가 직면한 플라스틱 오염의 시작점이 되었다. 플라스틱은 가볍고 내구성이 좋으며 다양한 색상과 형태로 제작할 수 있다는 이점 덕분에 광범위하게 사용되었지만 분해되는 데만 수백 년이 걸린다. 저렴한 가격 덕분에 대량 생산된 플라스틱은 바다로 흘러들어 '플라스틱 섬'을 만들었다.

1997년, 해양학자 찰스 무어는 미국 캘리포니아와 하와이섬 사이의 태평양 한가운데에서 거대한 쓰레기 섬을 발견했다. 플라스틱 더미인 이 섬은 현재 한반도 면적의 7배에 달할 정도로 커졌고 지금도 계속 커지고 있다. 바다에 버려진 플라스틱의 가장 큰 문제는 시간이 흐르면서 끈끈한 젤리와 비슷한 형태로 변하고 작은 조각으로 부서져 바다 생물들의 먹이가 된다는 것이다.

버려진 플라스틱을 먹고 자라 버려진 플라스틱처럼 끈끈한 젤리와 같은 몸을 가진 생명체가 바로 마빈이다. 어쩌다가 마빈은 플라스틱을 먹게 되었고 바다에서 표류하는 플라스틱 덩어리와 같은 몸으로 살아가게 되었을까? 아마도 우리의 지나친 플라스틱 사용이 마빈과 같은 괴생명체를 만든 것일 테다.

만약 마빈처럼 플라스틱을 먹이로 하는 동물이 있다면 어떨까? 플라스틱 문제를 해결할 수 있을까? 소설에서는 마빈이라는 상상 속 생물이 플라스틱 문제의 해결책으로 제시된다. 하지만 현실에서는 이러한 기적적인 해결책이 존재하지 않으므로 플라스틱 재활용, 생분해성 소재 개발, 플라스틱 사용 줄이기 등 실질적인 대안이 필요하다.

소설의 끝부분에서 케리 박사는 마빈이 더 빠르게 분해되는 플라스틱을 개발하는 데 도움이 될 수도 있다고 말한다. 마빈의 배설물 독성을 약하게 하는 플라스틱을 찾을 수 있다면 인간에게 덜 해로운 생분해성 플라스틱을 찾을 수 있을 거라고.

하지만 생분해성 소재에 대한 의견은 분분하다. 이는 환경 보호를 위한 한 방법으로 간주되지만 환경 문제에 대한 완벽한 해결책은 아니다. 생분해성 플라스틱의 가장 큰 이점은 미생물에 의해 빠르게 분해된다는 것인데, 덕분에 환경 보호에 효과가 있다고 생각할 수 있지만 문제점도 많다. 제조 과정에서 이산화탄소를 배출하고 분해되면서 메탄가스를 방출한다는 점, 자연에서 분해되기 위해서는 특정 미생물이 있거나 고온이어야 한다는 점, 이 조건이 충족되지 않으면 분해되는데 오래 걸릴 수 있다는 점, 기존 플라스틱과 혼합될 경우 재활용이 안 되거나 재활용 인프라에 추가적인 부담을 줄 수 있다는 점, 원료로 옥수수나 사탕수수와 같은 식물이 사용되는 경우 식량 가격 상승과 자원 배분 문제를 일으킬 수도 있다는 점. 이러한 이유로 생분해성 플라스틱에 관한 추가적인 연구와 발전이 필요한 상황이다.

　마빈은 인간이 버린 플라스틱을 먹어 치워주었지만 그의 배설물은 인간에게 또 다른 유독성 물질이 되어 위협을 가했다. 이는 플라스틱 오염 문제가 단순히 해결될 수 없는 심각한 문제임을 의미한다. 즉 플라스틱을 분해하는 것만으로는 충분하지 않고 그 과정에서 발생하는 여러 가지 문제까지 함께 생각해야 하는 것이다. 단기적인 해결책보다는 장기적이고 포괄적인 접근이 필요함을 말하고 있다.

　플라스틱을 먹는 것은 단지 마빈뿐만이 아니었다. 마빈에게는 아내와 네 마리의 아기가 있었는데, 굴속 깊숙이 사람들의 시선을 피해 있던 그들은 사태막이▧ 그물망의 작은 조각들을 씹어 먹었다. 마빈의 아내는 사태막이 그물망을 아주 작게 뜯어내고, 아기들은 그 조각을 입으로 쪽쪽 빨며 씹어먹는다. 그 모습은 마치 다큐멘터리 〈블루플래닛Ⅱ〉의 한 장면 같다(2017년 영국 BBC가 방영한 다큐멘터리 〈블루플래닛Ⅱ〉에는 어미 앨버트로스가 작은 플라스틱 조각을 먹이로 착각해 새끼에게 먹이는 장면이 나온다).

▧　　산, 강가, 바닷가의 흙, 모래, 자갈 등이 비나 바람에 무너져 떠내려가는 것을 막기 위해 시설하는 일

사진작가 크리스 조던의 작품 〈아름다움 너머〉에서도 배 속에 플라스틱이 가득한 채로 죽어있는 앨버트로스의 모습을 볼 수 있다. 현재 많은 동물이 마빈처럼 실제로 플라스틱을 먹고 있는 것이다. 동물들이 플라스틱을 먹이로 생각하는 것은 해조류나 플랑크톤이 흡착된 플라스틱에서 맛있는 먹이 냄새를 풍기기 때문이라고 한다.

과학대회에 참가한 오비의 연구 과제 제목은 '약간의 결함이 있는 환경 문제 해결책'이었다. 오비는 마빈이 인간에게 어떻게 도움이 되고 인간은 마빈에게 어떻게 도움이 되는지 오랜 시간 이야기를 나누어야 한다고 했다. 단지 시간이 걸리고 두려워서 하지 못하는 거라며 이를 극복하고 해낸다면 틀림없이 희망이 있다고 말했다.

세대를 이어 전해지는 행복한 주인 의식

오비는 100년 넘도록 조상들이 가꾼 땅에서 나고 자랐다. 시간이 흘러 대부분의 땅이 금융권이나 다른 이의 소유가 되었지만 오비는 땅과 강은 자신의 일부라고 생각했다. 오비는 땅이 무분별하게 개발되어 주택 단지가 되고 강이 쓰레기로 오염되는 것을 마음 아파했다. 그래서 매일 샛강에서 비닐봉지를 건져 올렸다.

오비가 샛강에 청소하러 간다고 했을 때 엄마는 그 일에 시간을 너무 많이 쓰는 것 아니냐고 하고, 아빠는 어이없다는 듯 웃음을 터뜨리며 말했다. "지금도 겨울에는 그전처럼 눈이 내리고 세계는 더 이상 더워지지 않고 있어." 누나만이 환경 보호에 도움이 되는 일이므로 좋은 일이라고 했다.

오비가 샛강의 쓰레기를 주워 집으로 가져오면 아빠는 우리가 버린 쓰레기가 아닌데 왜 가져오냐고 가져오지 말라고 했다. 하지만 오비는 우리 땅과 우리 샛강에 버려진 쓰레기는 우리 모두의 것이라고 답한다.

주택 단지에 이사 온 아이들도 쓰레기를 아무렇게나 버렸다. 사탕을 까서 먹고 껍질을 샛강에 버린 아이들에게 오비가 쓰레기를 버리지 말라고 했다. 그러자 아이들은 오히려 오비를 히피라고 부르며 이상하게 바라보기 시작했다.

플라스틱 쓰레기가 지구를 망치고 암을 발생시킨다는 오비의 말에 아빠는 냉장고 안에 가득한 플라스틱 물건을 가리키며 플라스틱은 편리하고 유용한 것이라며 오비의 생각을 무시했고, 오비가 재사용이 가능한 장바구니를 사자고 하자 엄마는 공짜로 비닐봉지를 쓸 수 있는데 왜 만

날 잊어버리고 다닐 장바구니를 사는 데 돈을 써야 하냐고 묻는다.

주택 단지에서 집을 짓는 일꾼들은 휴식 시간이 되면 샛강으로 와서 담배를 피우고는 꽁초를 던지고 점심 시간에는 패스트 푸드 포장지, 생수병, 음료수 컵 등의 쓰레기를 강둑에 가득 남기고 자리를 뜬다.

누나와 친구 애니, 지 선생님을 제외한 주변 사람들은 오비의 행동을 이해하지 못한다. 왜 그리 유난을 떠냐며 힐난한다. 이곳의 땅과 숲과 강이 네 것이냐며 오비를 비난한다. 실은 그늘이 자기 소유노 아닌 걸 함부로 사용해 환경 오염을 일으킨 거면서 말이다. 지 선생님은 이를 두고 오염 문제가 이토록 심각해진 것은 인간의 탐욕 때문이라며 쓰레기를 우리 모두의 것이라고 생각해야 문제 해결을 시작할 수 있다고 강조했다.

오비가 땅에 애정을 갖고 샛강을 자기 강처럼 여긴다고 해서 자연을 독차지하려는 탐욕이라고 볼 수 있을까? 이는 탐욕이 아니라 주인 의식이다. 탐욕은 자연을 무제한의 자원으로 보고 파괴적인 이익을 추구하지만, 주인 의식은 자연과 조화로운 공존을 추구하며 자연 자원을 소중히 사용하게 한다.

오비가 강에서 쓰레기를 줍는 일은 누가 시켜서 한 일

이 아니다. 오비는 이 일이 즐겁고 이 일을 함으로써 행복을 느낀다. 이 점이 가장 중요하다. 즐겁고 행복해야 꾸준히 다른 사람들에게 전파할 수 있다. 그래야 비로소 세상이 조금씩이나마 달라질 수 있다.

오비가 자연을 아끼고 존중하는 주인 의식을 가졌다면 주변 사람들은 땅을 경제적 가치로만 바라보았다. 환경이 파괴되고 생명들에게 피해를 주더라도 경제적으로 가치만 있다면 개발해도 문제가 없다는 식이다. 땅에 대한 아빠와 주변 사람들의 생각은 오비 아빠가 오비와 누나에게 가끔씩 하자고 하는 모노폴리 게임을 통해서도 엿볼 수 있다.

모노폴리는 부동산 거래를 통해 재산을 증식하고 상대방을 파산시키는 게임이다. 하지만 1903년 미국의 엘리자베스 매기가 처음 만든 게임은 소수의 사람이 토지를 독점하고 세금을 매기는 방식을 게임으로 보여줘 토지 개발의 해악을 가르치려는 것이었다. 이후 1935년 찰스 다로가 '모노폴리'라는 이름으로 특허받고 오늘날 부동산 투자, 경제, 자본주의의 기본 원리를 교육하는 도구로 사용하는 것이다. 원래의 의도와 달리 모노폴리는 종종 자본주의의 성공적인 측면을 강조하는 게임으로 여겨져 논란의 대상이 되고 있다.

게임에서 땅과 자원을 소유하려고 영역 싸움을 벌이는

것처럼 인간은 자연을 그렇게 대하고 있다. 데블린 땅도 자연을 파괴하며 3지구까지 개발했기 때문에 마빈과 같은 생명체가 생겨나고 진화했을 것이다.

　오래전 지 선생님은 학생들에게 음료수 캔 뚜껑에 달린 고리 모양 따개를 모아달라고 했다. 100만 개의 따개를 모으는 것이 목표였고 이를 이루기까지 8년이 걸렸다. 지 선생님은 그렇게 모은 금속을 재활용해서 돈을 번 다음 환경 단체에 기부했다. 이는 환경 보호에 관한 생각을 실질적 행동으로 옮긴 것이며, 학생들에게는 환경 의식을 심어주는 동시에 공동체 의식과 협력의 중요성을 알린 살아있는 가르침이었다.

　지 선생님의 실천하는 가르침이 행동하는 오비를 있게 했다. 지 선생님은 오비가 훌륭한 과학자가 될 거라고 했지만 오비는 지 선생님 같은 교사가 되고 싶다고 했다. 환경 문제는 오랜 시간이 걸리는 일이므로 세대를 이어가며 가르치고 배워야 한다는 것을 오비는 알고 있었다.

사고를 확장하는 토론·논술 활동

1 오비 아빠는 오비와 오비 누나와는 달리 모노폴리 게임을 무척 좋아합니다. 모노폴리 게임과 오비 주변에서 일어나는 일은 어떤 관련이 있을지 생각을 나누어 봅시다.

2 소설 속 시간과 현실 세계의 플라스틱 문제 사이의 유사점과 차이점은 무엇인지 이야기해 봅시다.

3 만약 마빈처럼 플라스틱을 먹어 치우는 새로운 생명체가 등장한다면 그 생명체를 보존하고 번식시키는 것에 동의하나요?

☐ 동의한다.
☐ 동의하지 않는다.

4 생분해성 플라스틱의 개발과 같은 혁신적 기술과 플라스틱 소비를 감축하는 전략 중 어느 쪽이 더 시급하게 추진되어야 할까요?

☐ 기술 발전을 통한 해결책이 우선이다.
☐ 플라스틱 소비 감축 전략이 우선이다.

5 오비는 샛강에 버려진 쓰레기를 줍고 사람들에게 쓰레기를 버리지 말라고 충고하며 환경 운동을 합니다. 하지만 오비의 부모님은 오비의 행동이 시간을 낭비하는 쓸데없는 짓이라고 합니다. 오비와 다른 생각을 하는 사람들에게 환경 운동이 왜 필요한지 설득하는 글을 써봅시다.

생명의 원천, 물

옛날 옛적 한적한 산골 마을에 마음씨 착한 노부부가 살고 있
었어요. 어느 날 할아버지가 나무를 하러 숲으로 갔다가 우연
히 발견한 작은 샘물에서 목을 축이게 되었죠. 그런데 물을 마
신 후 할아버지는 갑자기 기운이 넘치는 걸 느꼈어요. 샘물에
비친 자기 얼굴을 보니 놀랍게도 젊은 청년으로 변해 있었어요.
집으로 돌아온 할아버지를 본 할머니는 깜짝 놀랐어요. 할아
버지는 샘물을 마신 이야기를 했고 할머니도 그 샘물을 마시
고는 젊은 아가씨가 되었답니다.

이 소문을 들은 욕심 많은 옆집 노인이 노부부가 젊어진 비결을
알고 싶어 했어요. 착한 부부는 숲속 샘물을 알려주었고 옆집
노인은 샘물을 너무 많이 마셔 버려 갓난아기가 되고 말았죠.
옆집 노인이 돌아오지 않자 부부는 걱정이 되어 샘물가를 찾

아갔어요. 거기서 울고 있는 갓난아기를 발견했는데 옷을 보니 옆집 노인의 옷이었어요. 부부는 하늘이 준 선물로 여겨 그 아기를 집으로 데려가 정성으로 키웠답니다.

《젊어지는 샘물》이라는 전래 동화로, 마법의 샘물을 통해 젊어지는 기적을 경험하는 노인의 이야기를 담았다. 이 이야기에서 물은 신비로운 힘을 상징하며, 인간의 욕심이 어떤 결과를 초래하는지 보여주고 있다.

우리는 물 없이 살아갈 수 없다. 세계보건기구에서는 건강을 위해 하루 2리터 정도의 물을 마시라고 권장하고 있는데 실제로 물을 많이 마시면 피부가 건강해지고 피로를 덜 느끼게 되며 면역력이 강화되어 질병에 쉽게 걸리지 않는다고 한다. 물을 많이 마시면 젊어지는 샘물을 마시는 것과 같다는 것이다.

하지만 좋은 것도 너무 욕심을 부리면 나쁜 결과를 초래하는 법이다. 욕심 많은 노인이 젊어지고 싶은 욕망에 샘물을 너무 많이 마셔 갓난아기가 된 것처럼 말이다.

젊어지는 샘물이 실제로 있다면 어떨까? 다들 비슷한 상상을 하고 있을 것 같다. 젊어지는 샘물은 아니지만 자연이 주는 깨끗하고 몸에 좋은 약수가 우리 동네 뒷산에 있다면 어떨까? 그 약수가 탐난다면 다른 사람들이 다 먹어버리기 전에 서둘러야 할 것이다.

#생태 해시태그 문학선
이혜원 우선택 엮음 소설

문학×생태

김원일, 최성각, 듀나, 편혜영,
정세랑, 천선란 작품 수록

"잘못 가고 있었다. 잘못 가고 있다는 그 느낌이
언제나 은은한 구역감으로 있었다"

문학과지성사

《#생태 소설》 중 〈약사여래
는 오지 않는다〉
최성각 지음

== *the book's summary* ==

주인공이 한낮에 물병을 등에 메고 집 부근
의 산을 찾기 시작한 것은 뿌연 오줌과 목
덜미에서 배어 나오는 식은땀 때문이었다.

고등학교 선배가 운영하는 병원을 찾았
더니 선배는 그에게 건강에는 이상이 없다
며 물을 많이 마시고 운동하라고 했다. 선
배의 권유로 약수터에 간 첫날, 사람들이
길게 줄을 서 있는 모습에 어리둥절한 것
도 잠시. 집요한 표정과 불만이 가득 담긴
얼굴로 약수를 담는 분위기가 싫어 주인공은 다시는 물을 뜨러 오지 않겠
다고 다짐한다. 그러나 며칠 후 이유를 알 수 없는 이상한 갈증 때문에 약
수터를 다시 찾고, 약수터에서 또 다툼을 목격하고는 다른 약수터를 찾아
산 위로 더 올라갔다.

약사전을 지나 산꼭대기의 광덕 약수터로 향하는 길에 약사전 벽면에 그
려진 불화가 주인공의 시선을 사로잡았다. 그의 시선이 머문 그림에는 여
인의 손목에 묶인 실이 뜰 앞 과일나무에 팽팽하게 연결되어 있었다. 그림
을 보는 순간 실이 끊어지면 어떡하나 하는 불길한 생각이 스친다.

주인공은 약수를 마시며 계속된 갈증을 해소할 수 있을까? 그가 불화를
보며 느낀 불길한 생각은 현실이 될까?

🔵 갈증을 해소하려면

건강을 챙겨보겠다고 집 근처 유락산 약수터로 향한 주인공은 그곳에서 새로운 세계를 본 것만 같다. 어린애부터 노인까지 많은 사람이 물통을 줄 세워두고 묘한 짜증과 타인에 대한 배타적인 감정으로 화가 난 듯한 모습이다.

앞사람이 너무 많은 물통을 갖고 와서 오래 기다리게 한다며 노골적인 불만을 비추는 사람도 있었다. 그러다 결국은 큰소리로 시비가 붙었고 한바탕 싸움이 끝나자 시비를 걸었던 사람 또한 앞 사람보다 더 많은 물통에 물을 채운다.

그곳에선 누가 다투든 말든 앞의 사람들이 물을 얼마나 퍼가는지에만 관심을 둘 뿐이었다. 주인공은 이기심과 무관심이 가득한 그곳에서 불편함과 환멸을 느꼈다.

주인공은 그 자리를 피해 산 위쪽에 있는 약수터를 찾아갔지만 그곳의 사정은 더 심했다. '청심 약수회'라고 페인트로 적힌 그곳은 '유락산 청심 약수회'라는 똑같은 모자를 쓴 사람들이 샘물에 덮개를 만들어 자물쇠를 채워놓고 관리하고 있었다. 그들은 자기들이 약수터를 발견했고 자기 돈 들여가며 관리를 하고 있으니 당연히 권리가 있다며 주인 행세를 했다. 주인공은 물에 대한 사람들의 독점욕과 지배욕에 심한 악취를 느낀다.

주인공은 그 약수터에서도 물을 뜨지 못해 산을 더 오른다. 목이 마른 그는 산꼭대기에 있는 집에서 물 한 모금 얻어 먹으려 했으나 집주인은 밥해 먹을 물밖에 없다며 인심 고약한 말을 했고 주인공의 절망은 극에 달한다. 산에는 자연이 선물처럼 베푼 약수가 가득했지만 사람들은 이를 나누지 않고 소유하려고만 했다.

과거 우리 조상들은 하나의 우물을 마을 사람들이 함께 사용했다. 그래서 마을을 뜻하는 한자어 '동(洞)'은 '물 수(水)'와 '같을 동(同)'으로 이루어졌다.▨ 하지만 여기 마을 약수터는 단순히 물을 뜨는 장소가 아니라 인간 본성의 축소판이었다. 인간의 이기심, 독점욕, 지배욕과 같은 어두운 면모를 이곳에서 볼 수 있었다.

자연이 제공한 선물을 개인의 소유물로 여기며 나눔과 공존의 가치를 잃어버린 모습이 비극적이다. 자연을 소유하려는 욕망은 환경 오염 문제로 이어졌다. 결국 약수는 더는 마실 수 없게 되었고 세상은 점점 더 오염되었다.

세계보건기구와 유엔워터는 전 세계에서 매년 80만 명 이상이 오염된 식수를 마시고 사망하지만 국제 기준에 맞게 식수 위생을 관리하는 나라는 전 세계의 25퍼센트에 불

▨   염형철,《물이라는 세계》, 리마인드

과하다고 했다.▨ 수질 오염은 토양 오염, 대기 오염과 더불어 3대 환경 오염이다. 인간을 포함한 지구상 모든 생물은 물을 섭취해야 하므로 수질 오염은 인간에게 가장 치명적인 존의 문제이다. 수질 오염 문제를 단순히 통계나 보고서 속의 숫자로 보아셔는 안 된다. 각 숫자 뒤에는 살아가는 사람들의 삶이 있다.

▨　"매년 80만 명 이상 오염된 식수로 사망… 시설 투자 부족", 세계일보, 2022년 12월 15일

수질 오염 문제를 생각하면 자주 마주치는 장면이 있다. 오염된 물로 고통받는 아프리카 아이들의 모습이다. 먼지와 땀으로 얼룩진 아이들이 물을 찾아 줄지어 걷는다. 물을 마시고 싶지만 짙은 녹갈색의 물밖에 없다. 그 물을 마시면 아프게 될지도 모른다는 두려움이 그들 얼굴에 가득하다. 실제로 많은 아프리카 아이가 오염된 물을 마셔서 생긴 병마와 싸우고 있다. 깨끗한 물이 없어 생기는 고통은 상상을 초월한다.

오염된 물을 마셔서 사람이 죽는다니! 하지만 수질 오염이 가서오는 영향은 생명과 선상의 문제에 그치지 않는다. 불평등, 빈곤, 교육과 경제 발전의 장애로까지 이어지고 있다.

아프리카의 아이들에게 물이 생명을 유지하기 위한 생존 필수품이라면 약수터 사람들에게 물은 권력과 지배의 상징이다. 그들은 물을 통해 다른 사람들을 통제하고 공동체의 이익을 해치며 자연과의 조화마저 깨뜨리고 있다. 주인공이 계속해서 갈증을 느끼는 원인을 여기에서 찾을 수 있다. 인간들의 환경 파괴와 도덕적으로 타락하는 모습 때문에 느끼는 정신적인 갈증. 이 갈증을 해소하기 위해 너 높이 찾아간 약수터마저 길을 잃어가는 세상과 같았다.

약수터 위 계곡에서 불고기판을 헹구고, 빗물의 산도가 높다는 사실을 알면서도 장마철에 약수터를 찾아가는 사람들. 이는 약수에 대한 전통적인 믿음 때문일까? 익숙한 것에 대한 심리적 의존성 때문일까? 아니면 막연하게 괜찮겠지 하는 마음에서일까?

이런 모습은 약수터에서 나누는 한 부부의 대화 속에서도 찾아볼 수 있다. 부부는 약수터에 사람이 바글바글한 것은 약수터가 대로에서 가까운 곳에 있는데다 먹어도 된다는 검사 결과가 나왔기 때문이라고 했다. 그러면서 수돗물도 안심하고 먹어도 된다고 하는데, 왠지 그 말은 못 믿겠단다.

수돗물과 약수 모두 정부에서 먹어도 된다고 하는데, 약수를 선호하고 수돗물을 꺼리는 태도는 참으로 아이러니하다. 자연에서 나오는 약수를 신뢰하고 개인적 경험을 우선시하는 것인가?

사람들은 피부병도 고치고 신경통이나 배앓이도 고치는 영험한 힘이 약수에 있다고 믿고 싶은지도 모르겠다. 사실 우리는 자연이 파괴되고 있다는 걸 알면서도, 그럼에도 자연은 우리를 배신하지 않을 것이라는 막연한 신뢰를 가지고 있다.

주인공은 다시 유락산 약수터에 가기로 하고, 플라스틱 통이 아닌 유리병을 사러 갔다. 하지만 유리병을 사서 오는 길은 우울하기만 했다. 아무리 유리병을 사용하고 환경 친화적으로 행동해도 이것이 무슨 의미가 있을까 싶었기 때문이다.

이 장면에서 환경을 보호하기 위해 에코백과 텀블러를 사용하는 모습이 떠오르지 않는가? 환경을 위하는 일이지만 잘못된 사용은 오히려 환경을 훼손시킬 수 있다. 텀블러는 생산과 세척 과정에서 환경 오염이 발생하며, 에코백 역시 제품 생산 시 발생하는 탄소량을 생각하면 130번 이상 사용해야 환경 보호 효과가 생긴다.

에코백이나 텀블러를 사용한다는 것만으로 환경을 보호한다고 생각하는 것은 대단한 착각이다. 중요한 것은 꾸준히 행동하는 것이다. 작은 행동이 세상을 바꿀 수는 없지만 꾸준히 지속한다면 그 자체로 충분히 가치 있는 행동이 된다.

주인공이 플라스틱통 대신 유리병을 사용하며 부끄러움을 느낀 이유는 선배와의 대화를 통해서도 찾아볼 수 있다. 몸이 좋지 않다고 자각한 주인공이 선배인 의사를 찾아갔을 때 선배는 몸에는 아무 이상이 없다면서 "아주 조금만 아프

고 싶지?"라고 질문한다. 사실 주인공은 심각한 정도가 아니라면 조금은 아프고도 싶다고 생각한 적이 있다. 조금 아프면 세상으로부터 많은 것을 용서받고 이해받을 수 있다고 생각했기 때문이다.

주인공이 작은 아픔으로 동정을 얻으려는 것처럼 우리는 환경 문제의 심각성을 인정하지만 실질적인 변화나 큰 희생을 하지 않는 수준에서 그치고 싶은 건 아닐까? 생활의 편리함과 당장의 이익을 위해 조금만 희생하면 좋겠다는 모순적인 바람이 있는 건 아닌지 마음이 움찔한다.

소설은 수질 오염의 현실적인 심각성을 말하며 우리를 부정적인 방향으로 이끌고 있다. 이는 〈약사여래는 오지 않는다〉라는 제목에서도 드러난다. 약사여래는 중생의 질병을 고쳐주는 부처로 모든 중생의 질병을 치료하고 재앙을 소멸시킨다. 〈약사여래는 오지 않는다〉라는 제목은 주인공의 알 수 없는 갈증이 해소되기 어렵고 개운치 않은 몸의 이상도 나을 기미가 없다는 것을 암시한다.

이런 부정적인 성향은 소설 마지막 부분에서도 드러난다. 광덕 약수터에 붙은 '식수 부적합'이라는 안내문을 보고 발길을 돌릴 때 주인공은 애써 불화를 보지 않으려 한다. 하지만 의지와 달리 보게 된다. 불화 속에는 실은 끊어진 채 떨어져 있었고 여인의 손목은 힘없이 아래로 쳐져 있었다. 주인공은 왜 약사전의 불화를 보지 않으려고 했을까?

과일나무와 여인의 손목에 묶인 실은 인간과 자연 간의 연결, 즉 인간의 행동이 자연에 미치는 영향을 나타내고 있다. 우리가 했던 이기적인 행동이 약수를 오염시켰고 아슬아슬하게 연결되어 있던 자연과의 연결고리도 끊고 말았다. 주인공은 여인에게 어떤 일이 일어났는지, 실이 끊어진 뒤 과일나무에는 어떤 변화가 일어났는지 궁금했지만 확인하지 않았다. 차마 직면할 용기가 없었을 것이다.

과일나무와 여인을 잇는 가느다란 실이 끊어지기 전에 우리는 튼튼하게 고쳐 묶을 것인지 끊어지고 나서 실을 다시 이을 것인지 선택해야 한다.

사고를 확장하는 토론·논술 활동

1 〈약사여래는 오지 않는다〉를 통해 본 인간의 욕망과 자연의 관계에 대해 생각해 보고 물의 상징적 의미에 대해 알아봅시다.

2 주인공의 행동과 약수터에서 만난 사람들의 행동을 비교해 보고 환경 문제를 위해 어떤 노력이 필요하다고 생각하는지 토론해 봅시다.

3 수질 오염의 원인을 생각해 보고 해결을 위해 개인, 정부, 기업 중 누구의 책임이 가장 크다고 생각하는지 토론해 봅시다.

☐ 개인이 책임이 가장 중요하다.
☐ 정부의 정책이 가장 중요하다.
☐ 기업의 책임이 가장 중요하다.

4 　주인공이 계속되는 갈등을 느끼는 것은 개인적 원인이 크다고 생각하는지, 사회적 원인이 크다고 생각하는지 생각해 보고 입장을 나누어 토론해 봅시다.

　□ 개인적인 원인이 크다.　　　　□ 사회적인 원인이 크다.

5 　경제협력개발기구(OECD)는 '환경전망 2050 보고서'에서 우리나라가 2050년 OECD 국가 중 물 부족 지수가 가장 높은 국가가 될 것이라고 전망했습니다. 우리나라가 물 부족 지수가 높은 원인을 알아보고 물 부족을 실감하지 못하는 이유와 물 부족 문제에 대한 대책을 논술해 봅시다.

기후 위기로 떠나는 사람들

미국 뉴욕의 평범한 어느 날, 여느 때처럼 사람들은 거리를 분주히 오가고 차들이 번잡한 도심을 가득 메우고 있다. 그때 갑자기 하늘이 어두워지며 강한 바람이 불기 시작한다. 사람들은 뭔가 잘못되었다고 느끼기 시작하지만 어떤 일이 일어나고 있는지 정확히 알지 못한다. 거대한 해일이 도시를 향해 밀려오고 높이 솟은 파도는 건물들을 삼키며 거세게 뉴욕을 덮친다. 사람들은 공포에 질려 도망치지만 파도의 빠르고 강력한 힘을 이겨낼 수는 없다. 물은 도시를 가득 메우고 차들은 떠내려가고 살기 위해 사람들은 고층 건물로 피신한다. 자유의 여신상을 비롯해 뉴욕의 유명한 장소들이 물에 잠기고 해일이 도시를 완전히 뒤덮는다. 이후 뉴욕은 서서히 얼어붙기 시작하고 겨울왕국으로 바뀐다.

영화 〈투모로우〉의 한 장면이다. 영화는 기후 변화로 인한 극단적인 상황을 그려내며 어쩌면 이런 일이 현실에서도 일어날지 모른다는 생각을 불러일으킨다. 2024년 초 미국과 유럽이 폭설과 한파로 얼어붙으며 〈투모로우〉 영화가 현실이 되었다는 말까지 나왔다.

영화는 기후 위기의 심각성을 경고하며 인간이 자연의 힘 앞에서는 얼마나 나약한 존재인지 보여준다. 분열과 절망 속에서도 서로를 의지하며 함께 재난을 극복해 가는 모습도 보여준다. 영화에서처럼 기후 위기는 더 이상 몇몇 국가에 국한된 문제가 아니다.

우리가 영화를 보면서 미래를 걱정하고 있을 때 기후 위기를 겪고 있는 소외된 지역의 목소리를 대변하고 세계의 주목을 끈 감동적인 일이 있었다. 2016년 리우올림픽 역도 경기에서 바벨을 들어 올리지 못한 한 선수가 즐겁게 춤을 춤으로써 전 세계의 시선을 사로잡았다. '데이비드 카토아타우'라는 키리바시 출신의 선수가 자기 고향 키리바시가 직면한 기후 변화의 심각성을 세계에 알리기 위해 춤을 춘 것이다. 키리바시는 태평양에 위치한 섬나라로 해수면 상승으로 침수 위험에 처해 있다. 카토아타우는 역도 경기를 통해 고향 섬의 문제를 국제 사회에 알리는 데 이바지했다.

이 선수와 같은 처지에 있는 폴리네시아 섬의 나니 가족 이야기에 귀 기울여 보자. 나니 가족은 기후 위기로 강제 실향민이 되었지만 카토아타우 선수처럼 유쾌하게 자신들의 이야기를 들려주고 있다.

== *the book's summary* ==

나니 가족의 이야기는 지구상에서 점점 사라져가는 천국, 남태평양의 산호섬에서 시작된다. 이 아름다운 섬은 지구 온난화로 서서히 바다에 잠겨가고 있었다. 결국 섬의 정부는 국토 포기를 선언하며 선진국들에게 이민을 요청한다.

나니 가족은 태어나고 자란 섬을 떠나기로 하지만 나니의 외할아버지는 어릴 적 다친 다리 때문에 같이 갈 수 없다. 이에 외할머니와 함께 섬에 남기로 한다.

《폴리네시아에서 온 아이》
코슈카 지음

휘몰아치는 빗줄기를 뚫고 항구에 도착한 나니 가족은 이미 많은 사람으로 붐비는 혼란스러운 상황을 마주한다. 배가 도착하자 넘어지고 짓밟히는 아수라장이 펼쳐진다. 이 혼란 속에서 '세메오'라는 소년은 자신의 유일한 가족인 할아버지를 잃는다. 대추야자나무 옆에 할아버지를 묻고 혼자가 된 세메오에게 나니 가족은 "우리의 가족이 되어줄래?"라고 제안한다.

세메오를 포함해 네 명이 된 나니의 가족은 육지로 향하는 배에 오르며 새로운 시작을 맞이한다. 나니 가족의 미래는 어떻게 될까? 그들이 새로운 환경에 어떻게 적응해 나갈지, 그 과정에서 사회가 어떠한 역할을 할 수 있을지는 아직 미지수이다. 나니 가족의 이야기를 통해 우리가 기후 변화의 영향을 줄이기 위해 무엇을 해야 할지 생각해 보았으면 한다. 그들의 이야기는 아직 끝나지 않았으며 그 결말이 어떻게 쓰일지는 알 수 없다.

🌀 두려움과 분노의 정체

    2022년 자연재해와 전쟁으로 난민 문제가 심각한 수준에 이르렀다. 국제 NGO인 자국 내 난민감시센터의 '그리드 2023' 보고서에 따르면, 2022년 말 자연재해와 전쟁으로 고향을 떠나 자국 내 다른 지역으로 이동한 난민의 수가 약 7,110만 명에 달한다고 한다. 이는 2013년 이래 최고치이며 전년 대비 약 20퍼센트 증가한 수치이다.

    특히 주목할 점은 이 중에서도 기후 난민이 전체의 53퍼센트(약 3,260만 명)에 이른다는 사실이다. 러시아의 우크라이나 침략과 콩고민주공화국의 내전 등으로 전쟁 난민이 60퍼센트 급증했음에도 기후 난민이 전쟁 난민의 수보다 많다는 것은 자연재해로 인한 문제가 얼마나 심각한지 보여준다.▩

    기후 난민의 수가 역대 최고치를 기록한 이러한 추세는 유엔국제이주기구가 2009년 'COP15 보고서'에서 예측한 것과 일치한다. 이 보고서는 2050년까지 최대 10억 명의 기후 난민이 발생할 수 있다고 전망했는데 이는 전 세계 인구의 약 10퍼센트에 해당하는 수치로 기후 변화가 인류의

▩   "작년 기후 난민, 전쟁 난민보다 많다", 뉴스펭귄, 2023년 5월 12일

미래를 뒤덮는 어두운 그림자가 될 것을 암시하고 있다.

살던 섬이 바다에 잠기면서 나니 가족은 고향을 잃었다. 이는 물리적 장소만 상실하는 것이 아니라 문화적 정체성과 역사적 뿌리까지 잃어버리는 것을 뜻한다. 외할아버지는 나니에게 어딘가로 떠난다는 것은 그동안 묶여있던 밧줄을 푸는 작업과 같다고 했다. 고향을 떠나면나니 가족은 모국어로 전해지는 이야기나 노래, 전통문화로부터 점점 멀어질 수밖에 없을 것이다. 공동체의 결속력을 강화하고 전통을 계승하는 데 중요한 역할을 하는 축제나 의식도 점점 사라지게 될 것이다. 폴리네시아 섬의 생활 방식은 자연과 밀접해 있다. 낚시나 해양 활동은 그들의 일상이며 문화의 일부이다. 하지만 새로운 환경에서 전통적인 생활 방식을 유지하기 어려워지면 나니 가족과 같은 난민은 문화적 상실감을 경험하게 될 것이다.

이런 상황 속에서 외할아버지는 섬을 떠나는 나니에게 의미 있는 돌을 선물로 준다. 나니가 태어났을 때 아빠가 지붕 위에 던져놓았던 돌이다. 외할아버지는 나니가 커서 집을 짓게 되면 그 돌로 지으라며 소중히 간직하라고 했다. 그들은 그 돌이 폴리네시아 섬을 상징하는 것이며 섬의 전통을 잇는 매개체라고 생각했다. 나니는 그 돌을 새로운 터전의 무화과나무 밑에 묻으며 섬의 정신이 항상 그들 곁에

머무르기를 바랐다.

　나니 가족은 고향을 떠나면서 가족이 분리되는 고통도 겪어야만 했다. 외할아버지는 다리가 불편해 섬을 떠날 수 없었고, 외할머니는 그의 곁을 지키기로 결심했기 때문이다. 섬을 떠난 후 나니는 텔레비전 뉴스에서 자신의 섬이 완전히 잠겨버린 광경을 목격했다. 그 순간 그들에게 닥친 슬픔과 상실감은 말로 표현할 수 없다. 가족 구성원과의 이별이야말로 난민이 겪는 가장 참혹한 고통이며, 그 아픔은 시간이 지나도 쉽게 치유되지 않는 깊은 상처로 남을 테니까.

　나니 가족이 고향 섬을 떠나게 된 이유는 지구 온난화로 인한 해수면의 상승으로 섬이 침수되기 때문이지만, 폭염, 가뭄, 홍수와 같은 기상 이변이나 사막화 등으로도 난민 문제가 심각해지고 있다. 나니 가족과 함께 지내게 된 파이 아저씨는 자신들이 낯선 곳에서 힘들게 살고 있는 것은 신의 뜻이 아니라 사람들 때문이라고 말한다. 그는 인간들의 무분별한 개발, 벌목, 화학 약품의 남용으로 온실가스가 증가하고 기후가 변화해 해수면이 상승했다고 지적했다. 그러므로 이러한 상황을 조래한 사람들은 기후 난민에게 사과하고 새로운 삶을 위한 장소를 제공해야 한다고 덧붙였다.

　기후 변화는 세계 각지에 불평등하게 영향을 미친다. 해수면 상승의 영향을 크게 받는 폴리네시아 섬은 지구 온난화의 직접적인 피해자이다. 이 지역은 대규모로 탄소를 배출하며 산업화한 선진국과는 달리 전통적인 생활 방식으로 자연과 조화롭게 살아왔다.

　공공장소에서 주변 사람을 신경 쓰지 않고 담배를 피우는 사람이 있다면 어떻게 할 것인가. 담배를 피우지 말아 달라고 요구해도 듣지 않는다면 법적 조치를 취해 제재를 가할 수 있다. 하지만 산업화로 많은 탄소를 배출한 나라들이 수몰 위기에 처해 눈물로 호소하는 이웃 나라를 외면해도 지금으로서는 어떠한 책임도 지울 수 없다.

2021년 제26차 유엔기후변화협약 당사국 총회에서 투발루의 외무장관이 투발루 해변 바다에 들어가 해수면 상승의 심각성을 호소하는 영상이 공개되었다.

"바닷물이 차오르고 있기에 우리는 말뿐인 약속을 기다릴 여유가 없다. 기후 이동성이 가장 먼저 고려되어야 한다."

이들의 급박하고 간절한 외침을 더 이상 외면할 순 없다. 이제는 선진국이 책임감을 갖고 적극적으로 나서야 할 때다.

나니가 섬을 떠날 때 외할아버지는 손녀를 깊이 사랑하는 마음을 담은 편지를 건넸다. 그 편지는 나니에 대한 사랑의 표현인 동시에 그의 내면에 있는 두려움과 분노의 고백이었다. 그는 미지의 땅으로 떠나는 가족의 여정이 고단할까 두려웠고, 자신이 이 상황을 바꿀 수 없다는 무력감 때문에 분노했다. 하지만 우리는 또 다른 이유로 분노해야 한다. 그동안 용케도 책임을 피하고 살아온 선진국들의 행동을 촉구하기 위하여.

🌑 인류애와 연대

기후 변화로 생태학적 환경이 변화하면서 살던 곳을 떠나 난민이 되는 사람을 기후 난민이라고 한다. 그러나 기후 난민은 1951년 체결된 '난민 지위에 관한 유엔협약'에 따른[※] 난민으로 인정받지 못하고 있다. 극한 상황에 놓여있는 기후 난민을 위한 어떠한 대책도 마련되지 않은 것이다.

《폴리네시아에서 온 아이》에도 이런 모습이 등장한다. 남태평양에 있는 한 섬이 물에 잠겨서 주민들을 구출해야 한다는 소식이 전해졌을 때 육지에 있는 세 나라의 대표가 모여 긴급회의를 했다. 하지만 각 나라 대표의 후속 조치는 매끄럽지 못했고, 결국 아무 대책도 없이 수천 명의 이재민을 무작정 육지로 데려왔다. 그들을 어떻게 수용하고 보살필지는 아무도 책임지지 않았다.

기후 난민 문제는 더는 미룰 수 없는 중요한 문제이므로 전 세계가 이 문제를 해결하기 위해 머리를 맞대야 한

[※] 현재 난민은 1951년 체결된 '난민 지위에 관한 유엔협약'에 따라 "인종, 종교, 국적, 특정 사회 집단에의 소속 또는 정치적 견해를 이유로 박해를 받게 될 것이라는 충분한 이유 있는 공포 때문에 자국 국적 밖에 있는 자 및 자국의 보호를 받을 수 없거나 또는 그러한 공포 때문에 자국의 보호를 받기를 원하지 않는 자"로 제한하고 있기 때문에 기후 난민들은 난민으로 인정받지 못해 보호받지 못하고 있다.

다. 우선 기후 난민을 공식적으로 인정하는 법이 없으므로 기존의 난민법을 개정하거나 새로운 협약을 마련하는 것이 필요하다.

2020년 기후 위기로 터전을 떠난 이들을 난민으로 인정하는 유엔의 첫 판단이 나왔다. 유엔 자유권규약위원회는 기후 위기로 위험에 직면해 피난 온 사람들을 강제로 본국에 돌려보낼 경우 인권 침해 상황에 노출될 수 있으며 인간다운 존엄성을 유지하기 어려우므로 난민으로 봐야 한다는 입장을 밝혔다. 물론 이 결정이 난민 자격을 부여한다는 것은 아니지만 지구 온난화로 생명을 위협받는 이들을 보호할 수 있게 세계 각국이 서둘러 지구 온난화 해결에 힘쓰라는 메시지를 전달한 것으로 볼 수 있다. 유엔의 이 결정은 기후 위기로 인해 생명의 위협을 받는 사람들이 국제적 보호를 받을 수 있어야 한다는 인식을 강화하는 데 중요한 역할을 하리라 본다.

육지에 도착한 나니 가족은 차별과 소외를 겪는다. 새로운 환경에 적응하느라 힘겨운 나니와 세메오는 폴리네시아에서 부르던 노래를 부르며 섬을 그리워하는데, 이 노래가 프랑스 아줌마 '파티아'의 마음을 움직인다. 언어를 이해하지 못해도 그들의 처지에 공감한 파티아는 이웃을 불러 모아 난민들을 위한 300인분의 식사를 준비하자며 30명이 10인분씩만 준비하면 그다지 어려운 일도 아니라고 앞장섰다.

한편 나니의 엄마는 학교생활에 어려움을 겪고 있는 나니를 위해 도넛을 만들어 학교 친구들에게 나누어 주었다. "안녕하세요?"처럼 짧은 몇 마디 나눈 것이 전부였지만 도넛을 받은 프랑스 아이들은 기뻐했고 나니도 친구들을 이해하려고 노력했다. 사람들 사이의 이해와 연대는 이렇게 일상적인 소통을 통해 이루어졌다.

나니의 아빠는 아이들에게 인간의 탄생과 인류 기원에 관한 이야기를 들려주었다. 아주 오래전 지구에 단세포 생명체가 나타난 이후 200만 년 전에는 호모 사피엔스가 출현했고, 오늘날 전 세계의 섬과 대륙에 퍼져 사는 사람들은 모두 호모 사피엔스라는 조상의 후손이라고 말이다. 얼굴색이 다르고 언어와 문화도 다르지만 우리는 모두 하나이며 지구라는 공동의 집을 보호하기 위해 함께 노력해야 한다고.

나니 가족은 폴리네시아를 떠나올 때 혼자가 된 세메오를 가족으로 받아들였다. 나니는 세메오가 그의 가족으로 탄생하는 과정이 필요하다고 생각했다. 그래서 나니는 세메오가 단잠에 빠진 사이 배에서 펜을 빌려 외할아버지의 편지를 일일이 고쳤다. '사랑하는 나의 나니'를 '사랑하는 나의 나니, 나의 세메오'로 말이다.

둘이 함께 외할아버지의 편지를 한 장 한 장 읽어나가며 어려운 상황을 함께 이겨내려는 모습이 뭉클하다. 기후 위기라는 힘든 상황을 극복하는 해법은 인류 전체를 차별 없이 사랑하는 인류애와 연대의 정신을 발휘하는 것이라고 나니 가족이 웃으며 전하는 듯하다.

사고를 확장하는 토론·논술 활동

1 나니 가족과 같은 이주민이 새로운 환경에서 자신의 문화적 정체성을 어떻게 유지하고 발전시킬 수 있을지 논의해 봅시다.

2 기후 난민 문제에 대한 지속 가능한 해결책에 대해 생각해 봅시다. 우리는 어떤 방식으로 기후 위기에 대응하며 기후 난민을 지원할 수 있을지 다양한 측면에서 논의해 봅시다. (예방적 측면, 기술 혁신, 정책 및 법적 측면, 국제 협력 측면 등)

3 기후 위기에 직면한 나라들은 여러 방식으로 대책을 마련하고 있습니다. 몰디브는 부유식 인공 섬을 만들어 해수면 상승을 극복하려 하고 있고, 덴마크는 수도 코펜하겐 인근에 인공 섬을 건설하겠다고 밝혔습니다. 하지만 인공 섬을 건설하는 과정에서 우려되는 수질 오염이나 해양 생태계 파괴 등의 환경 문제도 많습니다. 인공 섬을 건설하는 것에 대해 어떻게 생각하나요?

☐ 인공 섬을 건설해야 한다.　　　☐ 인공 섬을 건설하면 안 된다.

4   기후 난민의 숫자가 급속하게 늘고 있는 상황입니다. 우리나
라도 기후 난민을 받아들여야 한다고 생각하나요?

□ 기후 난민을 받아들여야 한다.
□ 기후 난민을 받아들이면 안 된다.

5   이 책에서 나타난 폴리네시아 가족의 경험을 현재의 기후 위기
와 관련지어 생각해 보고, 기후 변화가 개인의 삶과 세계에 어떠한
영향을 미치는지 논술해 봅시다.

2부

지구를 지키는

사람들

생명을 품은 아마존

아침에 눈을 뜨면 스마트폰으로 새로운 뉴스를 보는 게 일과의 시작이다. 요즘 기후 위기에 관심이 있어서인지 "'현대건설 중장비가 아마존을 파괴"▪한다는 기사 제목이 제일 먼저 눈에 들어온다.

지구 반대편 지역과 우리나라 기업이 어떤 상관이 있다는 건지 의아해서 기사를 살펴보니 아마존 불법 금 채굴에 현대건설 중장비가 가장 많이 동원되고 있다는 내용이다. 언뜻 우리가 아마존 밀림을 직접 파괴한 것도 아닌데 굴착기를 수출한 것이 잘못인가 하는 생각이 들었다. 기계를 사 가는 사람이 건물을 지을지 밀림을 파괴할지 알 수 없는 것 아닌가?

▪ "아마존을 지켜주세요" 아마존 파괴 중장비 판매 중단 호소하는 원주민 지도자, 경향신문, 2023년 4월 12일

그러나 3년 동안 채굴 현장을 조사한 그린피스의 보고서에 따르면 세계 시장 점유율이 1.2퍼센트에 불과한 현대건설 중장비가 아마존 열대 우림에서 43퍼센트의 점유율로 압도적 1위를 하고 있으며, 현지 판매업체가 불법 채굴업자들에게 적극적인 금융 지원을 제공함으로써 불법 채굴의 급격한 확대에 기여하고 있다고 밝혔다.

브라질 비영리 언론 매체와 연방 검찰청이 불법 채굴로 야기된 심각한 환경·보건·인권 문제에 대해 해명을 요구했지만 현대건설은 무응답으로 일관했다고 한다. 아마존 원주민 지도자와 그린피스가 서울 중구 프레스센터에서 불법 금 채굴 증가로 원주민들이 수은 중독, 영양 실조, 유산의 위험에 노출되어 있으며 이들을 위한 아마존 보호에 함께할 것을 요구하는 기자 회견을 연 후에야 현대건설은 판매 중단에 동참할 것을 약속했다.

《연애소설 읽는 노인》은 아마존 열대 우림을 지키기 위해 일생을 헌신한 치코 멘데스를 기리는 소설이다. 우리는 언제까지 책 속에서, 신문 지면에서 인간과 기업의 탐욕으로 서서히 무너지는 아마존의 모습을 봐야만 하는 걸까?

《연애소설 읽는 노인》
루이스 세풀베다 지음

== *the book's summary* ==

노인은 젊은 시절 아내와 함께 정부에서 추진하는 아마존 밀림으로 왔으나 계속되는 개간 실패와 동물들의 위협, 열병에 걸린 아내의 죽음 이후 밀림 깊은 곳에서 수아르족과 함께 생활하고 있다. 당시 아마존강 유역은 토지를 준다는 정부의 말을 듣고 온 이주민과 금광을 캐려는 노다지꾼으로 붐볐고, 수아르족과 동물들은 문명을 피해 점점 더 깊은 오지를 찾아 떠났다.

어느 날 백인 노다지꾼들이 쏜 총에 친구를 잃은 노인이 엉겁결에 방아쇠를 당겼고 문명의 방법을 사용했다는 이유로 노인은 수아르족에게서 쫓겨난다. 노인은 이주민 부락으로 되돌아갈 수밖에 없었다. 그곳에서 그가 목격한 것은 백인들의 무차별 벌목과 사냥이다. 밀림은 황폐해졌고 동물들은 사납게 돌변했다.

노인은 사람들을 멀리하고 치과 의사가 가끔씩 가져다주는 연애소설을 읽으며 지낸다. 그런 노인의 평화를 깬 것은 카누에 실려 온 백인 시신. 부락의 읍장은 수아르족의 짓이라고 단정 짓지만 노인은 백인의 총에 어린 새끼와 수컷을 잃은 암살쾡이의 소행임을 알아챈다. 암살쾡이를 잡기 위한 수색대에 밀림을 잘 아는 노인도 차출되었다. 노인 앞에 나타난 암살쾡이는 그를 총상으로 죽어가는 수컷 앞으로 이끌었다. 노인이 수컷을 완전히 죽이는 것을 본 암살쾡이는 다음 날 노인이 있는 곳으로 다시 찾아왔고, 마지막 사투를 벌인 후 장렬히 죽음을 맞이한다. 노인은 암살쾡이 사체와 엽총을 강에 흘려보내고 연애소설을 읽기 위해 오두막으로 돌아간다.

🐦 자연, 개발이 아닌 파괴

남아메리카에 있는 열대 밀림인 아마존은 브라질과 에콰도르, 페루 등 8개국에 걸쳐있다. 인접국과 끊임없이 마찰이 생기자 정부는 자국민의 이주를 장려하는 정책을 펼쳤고, 아무 준비도 없이 사람들은 아마존으로 이주했다.

노인과 아내가 거대한 토지 개발 계획을 듣고 도착한 엘이딜리오에는 창고와 임시 숙소로 쓰는 건물 한 채가 전부였다. 낫칼과 삽, 쟁기, 두어 자루 분량의 씨앗을 받은 부부는 이른 새벽부터 일했지만 다음 날이면 나무와 풀을 베어낸 자리에 새로운 식물이 고개를 내밀어 농사를 지을 수 없었고 재빠르고 영악한 밀림의 동물을 잡는 것도 불가능했다. 비슷한 처지의 이주민들이 독이 든 열매를 먹거나 열병으로 쓰러지거나 밀림에서 보아뱀의 공격에 죽어가는 것을 보며 두 사람은 체념하기에 다다른다.

첫 우기에 접어들었을 때 집 안에 고립되어 있는 두 사람을 도운 것은 정부도, 비슷한 처지의 이주민도 아닌 원주민들이었다. 수아르족 인디오들은 두 사람을 보다 못해 사냥하는 법, 물고기 잡는 법, 폭우에 견디는 오두막을 짓는 법, 먹을 수 있는 과일을 고르는 법을 알려주었다.

수아르족이 쓸데없는 짓이라고 경고했지만 두 사람은

밀림을 개간해서 씨앗을 뿌렸다. 그러나 끊임없이 내리는 비는 살아남은 모든 작물을 쓸어갔고 아내는 말라리아에 걸려 세상을 등졌다. 열대 밀림에서는 그들이 살아온 농부의 방식으로 일하는 것이 소용없었다. 정부는 새로운 땅이 어떤 곳인지 알려주지도 않고 사람들을 이주시켰고, 그 피해는 고스란히 이주민의 몫이 되었다.

노인은 저주받은 땅을 증오했고 그의 사랑과 꿈을 빼앗

은 밀림에 복수하고 싶었다. 그가 마음에 품은 증오심을 잊은 것은 자신이 밀림을 증오한 만큼이나 밀림을 모르고 있었다는 무력함을 깨닫게 된 후다. 그는 수아르족을 따라나선 후에야 자연과 더불어 사는 법을 배울 수 있었고 푸른 세계에 매료되어 자유를 누릴 수 있었다. 이주민들은 원주민인 인디오들처럼 거의 벌거벗은 몸으로 돌아다니는 그를 정신 나갔다고 했지만 '개척'하려 하지 않고 밀림에 '적응'했을 때 노인은 밀림과 더불어 살 수 있었다.

그러나 정부는 밀림 개척의 실패해도 겸손함을 배우지 못하고 자연을 무자비하게 파괴하기 시작했다. 밀림을 개간해 농사를 지으려 한 정부의 첫 이주 계획은 목축지와 임업지를 주는 정책으로 바뀌었다. 이주민들은 땅을 넓히기 위해 나무를 베고 불태웠다. 그곳에 살고 있던 동식물과 원주민은 그렇게 삶의 터전에서 밀려나 숲이라는 보물을 빼앗기게 되었다.

아마존보다 열대 우림이 더 많이 파괴된 곳이 인도네시아라는데 부끄럽게 그곳에도 우리나라 대기업 소식이 있다. 한국 기업인 포스코인터내셔널은 팜유 농장을 만들기 위해 포유류 200종, 조류 500종이 사는 열대 우림을 파괴하고, 농장에서 쓰는 제초제와 살충제로 땅과 강물을 오염시켜서 국제 사회의 지탄을 받았다. 삼성물산은 독성이 너무 강해 한국에서는 2012년부터, 유럽은 2007년부터 사용이 금지된 제초제 파라쿼트를 2016년에 농장에서 사용했는데, 심지어 농장 직원들은 제대로 된 보호 장구는 물론 안전 교육도 없었다고 한다. 국제 사회의 비난이 이어지자 두 기업은 2019년과 2020년 두 차례에 걸쳐 정책을 바꾸었지만, 그때는 이미 포스코인터내셔널이 숲을 밀어버린 이후였다고 국제 환경단체 마이티어스는 밝혔다.▧

《연애소설을 읽는 노인》은 자연을 개발한다는 것이 얼마나 자연을 파괴하는 일인지 보여준다. 신대륙을 발견한 역사도 이와 다르지 않음을 우리는 이미 알고 있다. 향금까 향료를 찾아 떠난 사람들은 원주민과 그들이 살던 땅에 폭력을 가했고, 과거 식민지였던 이들 나라는 지금도 강대국 사람들이 주로 소비하는 커피나 카카오 같은 단일 작물을 재배한다. 정작 자신들이 먹을 작물은 외부에서 비싸게 사오는 악순환에서 벗어나지 못하면서.

자연을 이용할 때는 그곳이 어떤 곳인지, 먼저 살고 있던 생명은 어떠한지 알아보고 나중에 온 인간이 적응해야 한다. 경제 발전과 성장이라는 가치에 매몰되어 자연을 끊

▧   "열대 우림 파괴, 독성 제초제 살포..국제 사회 비난받는 한국 대기업들", MBC 뉴스, 2022년 3월 3일

임없이 파괴하는 행태를 멈추어야 한다. 생명에 대한 고려가 우선되지 않은 개발은 원주민과 야생을 파괴할 뿐이다.

🐾 노인과 살쾡이의 눈물

노인이 돌아간 엘 이딜리오는 새로 정착한 이주민과 금을 찾는 노다지꾼들 때문에 파괴되고 있었다. 무차별한 벌목 때문에 보금자리를 잃거나 번식기를 방해받은 동물들은 사나운 맹수로 돌변했고, 인근 원전 회사에 근무하는 백인들은 마구잡이로 동물을 사냥했다. 노인은 나름대로 안간힘을 썼지만 문명의 이기를 막을 수 없었다.

자연과 밀접한 관계를 맺고 있는 선주민들은 식량과 생계를 야생 동식물과 천연자원에 의존해서 살아왔다. 하지만 땅을 빼앗기면서 지금은 점점 더 곤궁한 환경에 처했다. 아마존뿐 아니라 북극 툰드라, 아프리카 사바나, 태평양 도서 해안 지역에 거주하는 선주민 3억 7,000만 명이 심각한 위협에 직면해 있다고 한다.

파괴된 밀림을 보며 착잡함을 느끼는 노인을 위로한 것은 '연애소설'이다. 노인은 읍사무소 앞에서 선거 투표 서류를 살펴보다가 자신이 글을 안다는 것을 깨닫는다. 이는 곧 노인의 무료한 일상에 변화를 일으켰다. 노인은 하루의 대부분을 소설을 읽으며 보냈다. 출출해지면 강에 가서 새우를 잡아먹고 또 소설을 읽었다. 어느 날 백인 시체가 실린 카누가 강물에 떠내려오지 않았다면 연애소설을 읽는 평온한 시간은 계속되었을 것이다.

노인은 왜 암살쾡이가 연이어 인간을 공격하는지, 그 싸움을 먼저 시작한 것이 누구인지 알기에 수색대에 합류하고 싶지 않았지만 읍장의 지시를 거절할 수 없었다. 수아르족 아닌 수아르족으로 살았던 노인은 이제 자연을 망가뜨린 백인 양키를 위해 암살쾡이를 잡아야 한다. 그래서 노인이 암살쾡이와 대치하는 장면은 안타깝기만 하다. 암살쾡이가 노인을 끌고 간 곳에는 총을 맞고 죽어가는 수컷이 있었다. 노인은 총상을 입은 수컷을 쓰다듬은 후 방아쇠를 당기며 말한다.

"친구, 미안하군. 그 빌어먹을 양키 놈이 모두의 삶을 망쳐놓고 만 거야."

노인은 지나치게 복수를 하는 암컷의 마음에 대해 생각해 본 후 암살쾡이가 원하는 것이 '죽음'이라는 것을 깨닫는다. 그 죽음은 인간과 물러설 수 없는 한판 싸움을 벌인 뒤 스스로 선택하는 죽음이다. 노인은 자신이 암살쾡이와 대결할 수 있는 진정한 사냥꾼인지 고민한다. 진정한 사냥꾼이란 두려움 때문에 총을 드는 것이 아니라 수아르족처럼 당당하게 마주 서서 상대와 싸우는 것이라 생각하기 때문이다.

마침내 노인은 암살쾡이가 원하는 '죽음을 각오한 싸움'을 선택하고 암컷과 마지막 일전을 벌인다. 노인은 자신의 총에 맞은 암컷의 사체를 물속에 밀어 넣으며 눈물을 흘리고 백인들의 더러운 발길이 닿지 않는 곳, 거대한 아마존강이 합류하는 깊은 곳으로 흘러가기를 바란다. 그리고 세상의 모든 창조물로부터 환영받지 못하는 엽총을 강물에 던져버린 후 오두막으로 돌아간다. 오두막에는 인간들의 야만성을 잊게 해주는, 아름다운 언어로 사랑을 이야기하는 연애소설이 있다.

이제 노인은 연애소설을 읽으며 평안하게 살 수 있을까?

🌀 보존을 위한 관심과 연대

지금도 세계 곳곳에는 원주민이 살고 있다. 몇 년 전 브라질의 수도 브라질리아에서 1,000여 명의 아마존 원주민이 원주민 보호 구역 축소 법안에 반대하는 시위╰를 벌였다. 법안이 하원을 통과하자 170개 부족 6,000여 명의 원주민이 모여 1988년 개정된 헌법은 아마존 땅에 대해 원주민들의 권리를 보장하고 무간섭·무접촉 원칙을 정책적으로 보장해 왔다며 보호 구역 축소는 위헌이라고 주장했다. 또한 이 법안이 통과되면 원주민의 생존권이 위협당하는 것은 물론 아마존 밀림의 파괴도 걷잡을 수 없이 빨라질 것이라며 조상 대대로 살아온 땅을 지켜달라고 호소했다.

'열대의 트럼프'로 불리는 브라질의 보우소나로 대통령이 집권한 후 파괴된 아마존 밀림의 면적은 서울의 17배가 넘는다고 한다. 임기 동안 아마존 삼림 파괴는 약 57퍼센트가 늘었다. 그는 아마존의 상업 탐사를 공개적으로 옹호했다.

2022년 치러진 브라질 대통령 선거 결선 투표에서 불법 벌목과 채굴, 가축 방목 등을 감시하며 아마존 벌채 속도를 늦추기 위해 노력해 온 룰라 전 대통령이 당선되었을 때 유엔은 안도의 한숨을 쉬었다.

다행히 브라질 정권 교체 이후 아마존 불법 삼림 벌채는

╰ "브라질 170개 원주민 부족 6000명 '상경 투쟁', 무슨 일?", 중앙일보, 2021년 9월 2일

66퍼센트 감소했다. 무분별한 벌목과 금 채굴을 막기 위해 브라질 정부는 삼림 벌채율을 많이 낮춘 지방자치단체에 재정 지원과 환경 보호를 위한 기술 지원을 하고 있다. 또한 원주민 거주 지역 여섯 곳을 보호 구역으로 지정하고 영토권을 공식 인정함으로써 자연 보호와 원주민의 존엄성을 보장했다. 실제로 자라구아 원주민 거주지에 사는 과라니 브자족은 자생 나무를 심고 자생 벌을 복원하며 숲을 되살리고 있다. 2017년부터 6년간 이어지는 노력으로 되살린 자생 벌은 9종에 이른다.

아마존을 함께 소유한 남미 8개국도 14년 만에 아마존 협력조약기구 정상회의를 열어 아마존 열대 우림의 남벌을 막기 위해 협력하기로 뜻을 모았다.▨ 이와 함께 브라질은 2008년 룰라 전 대통령의 요청으로 국제 사회가 약속한 '아마존 기금' 조성 약속 이행을 요구하고 있다.

아마존 밀림은 지구의 소중한 허파이므로 아마존에 깨끗한 공기와 풍부한 생물종을 신세 지고 있는 전 세계 국가들의 도움이 필요하다는 주장에 반대하는 나라는 없다. 현재 이 기금은 노르웨이, 독일, 영국 등의 국가에서 상당

▨　　"아마존 열대 우림 남벌 막겠다"... 브라질 등 남미 8개국 선언, 한겨레신문, 2023년 8월 9일

액을 출자해 아마존 열대 밀림 파괴 억제와 복구 활동 지원에 쓰이고 있다. 브라질의 지방자치단체를 재정 지원하는 데도 쓰인다.

아마존 밀림의 약 3분의 2를 보유한 브라질 룰라 정권의 의지와 남미 8개국의 협력, 국제적 관심 증가와 기금 조성 등으로 아마존은 이제나마 눈물을 흘릴 일이 많지 않아 보인다. 그러나 자연을 보존하려는 정책은 늘 경제 성장을 중시하는 개발 옹호론자와 부딪혔고 국내외 사정은 언제든 달라질 수 있어 안심하기 어렵다.

우리도 아마존 벌목을 멀리서 반대하는 것에 멈추지 말고 밥상에 오르는 육류와 곡물이 아마존 숲을 태워 개간한 땅에서 난 것은 아닌지 늘 관심을 가져야 한다.

1 금을 찾는 노다지꾼과 백인들은 아마존 원주민들과 어떤 차이가 있는지 이야기해 봅시다.

2 새로 정착한 이주민이나 금을 찾는 노다지꾼에 의해 밀림은 몸살을 앓습니다. 보금자리를 잃은 짐승들은 점점 더 사나워지고 새로운 거처를 찾아 밀림 깊숙이 옮겨갑니다. 이런 상황을 알면서도 노인이 암살쾡이 사냥을 선택할 수밖에 없었던 이유를 말해 봅시다.

3 '지구의 허파'라고 불리는 아마존 밀림 보존은 전 세계인이 공감하는 문제입니다. 2008년 브라질 룰라 전 대통령의 요청으로 국제 사회는 '아마존 기금'을 조성했습니다. 이 기금은 노르웨이, 독일 등의 국가에서 상당액을 내어 아마존 열대 밀림 파괴 억제와 복구 활동 지원을 위해 쓰이도록 조성한 것입니다. 아마존 기금 조성은 각 나라에서 자발적으로 해야 한다고 생각하는지 토론해 봅시다.

☐ 자발적으로 해야 한다. ☐ (책임을 따져) 의무적으로 해야 한다.

4 《연애소설 읽는 노인》에는 원주민 수아르족이 지나치게 이상적으로 그려졌다는 비판이 있습니다. 히바로족처럼 타지 사람들의 문명에 쉽게 따라가는 원주민도 있으니 개발이 원주민에게 꼭 나쁜 것만은 아니라는 의견입니다. 이 의견에 대해 어떻게 생각하는지 토론해 봅시다.

☐ 개발은 원주민에게 피해가 더 크다.
☐ 개발은 원주민에게 이익이 더 크다.

5 지속 가능한 발전은 '미래 세대가 그들의 필요를 충족할 수 있는 능력을 저해하지 않으면서 현재 세대의 필요를 충족하는 발전'을 말합니다. 국제 사회는 지속 가능한 발전을 달성하기 위해 빈곤, 기아, 퇴치, 불평등 감소, 기후 변화 대응, 육상·해상 오염 저감, 혁신적 기술 개발과 경제 성장 등을 포함한 17개 지속 가능한 발전 목표를 채택했습니다. 지속 가능한 발전을 위해 개인, 사회, 국가는 어떤 노력을 해야 하는지 논술해 봅시다.

동물과 함께 사는 법

마승애 작가의 《내 이웃의 동물들에게 월세를 주세요》는 제목을 보고 어떤 내용인지 궁금해서 읽어본 책이다. 시골 마을로 이사 간 작가는 이웃집 사람이 텃밭의 상추와 고춧잎이 자꾸 없어진다며 궁금해하자 뒷산에서 내려온 고라니 때문이라고 알려준다.

산을 깎아 집을 지으면 야생동물들이 살던 곳이 훼손되어 고라니가 먹을 게 없어진다. 그래서 마을로 내려오는 것이다. 작가가 텃밭 주인에게 '고라니에게 주는 월세'라고 생각하고 채소를 좀 나누어주면 어떻겠냐고 권하는 내용을 보며 나는 미처 생각하지 못했던 것을 깨달았다.

사람들이 집을 지은 땅은 원래 동물들이 살던 곳이다. '나중에' 사람이 들어왔으니 '월세'를 주고 빌려 쓴다는 표현이 맞다. 먹이가 없는 불쌍한 고라니에게 사람이 온정을 베푸는 것이 아니라 이웃과 나누어 먹는 것이다.

지구를 사람과 동물이 같이 쓰는 것이라는 생각도 잠시, 옆 동네에 멧돼지가 나타났다는 소식▧에 깜짝 놀랐다. 우리 동네는 아파트촌이다. 야생 동물이 월세로 받아 갈 텃밭이 있는 것도 아니다. 그런데 멧돼지는 왜 내려왔을까? 멧돼지뿐만 아니다. 너구리가 공원 야간 산책길에 나타나 반려견을 물 뻔했다는 소식도 들린다.

멧돼지가 나타난 지역에 사는 사람들은 멧돼지가 또 내려올지 모른다며 걱정하고, 반려동물을 키우는 사람들은 산책도 마음대로 못 하겠다며 불만을 토로한다. 경찰이 멧돼지를 총으로 사살했다는 기사를 보면서 위험하니 어쩔 수 없다는 마음이 더 큰 게 사실이다.

하지만 인간 위주로 돌아가던 세상이 조금씩 달라지고 있다. 길고양이에게 먹이를 주는 것, 개고기를 먹지 않는 것, 채식 급식을 도입하는 것, 동물 체험 등 인간과 동물은 어떤 관계가 되어야 하는지 말하는 목소리가 다양하게 들린다. 《중3 조은비》에 나오는 중학생 은비와 그의 부모는 동물을 대하는 생각이 달라서 의견 대립이 심하다. 이들 가족의 갈등에서 우리 사회의 갈등을 볼 수 있다. 은비는 어떻게 갈등을 해결해 나갈까?

▧   "분당 지하차도 출몰 멧돼지 권총으로 사살", 서울신문, 2022년 11월 9일

== *the book's summary* ==

충청북도 괴산군 주월산과 이어진 동네에 사는 은비는 밀렵꾼이 놓은 올가미에 심한 상처를 입은 고라니 새끼를 발견하고는 진석이의 도움을 받아 집으로 데려온다. 그러나 아빠와 엄마는 농사를 지어도 남는 것이 없는 형편 때문에, 남동생은 새 자전거를 가지고 싶은 마음에 고라니를 마을 김 씨 할아버지에게 팔려고 한다.

《중3 조은비》 양호문 지음

은비는 고라니를 살리기 위해 충주 시내에서 동물 병원을 찾다가 '야생조수보호협회'라는 시민 단체에서 일하는 털보 아저씨의 도움을 받는다. 털보 아저씨는 야생 동물을 사냥하던 것을 참회하기 위해 야생 동물을 구조하고 밀렵을 감시하는 일을 하는 분이다.

김 씨 할아버지에게 이미 계약금을 받은 부모님은 고라니가 사라지자 위약금을 물어주기 위해 산에 올가미를 놓았고 이 일로 은비와 갈등이 깊어진다. 고라니를 키울 장소가 없어 고민하는 은비를 보고 교감 선생님은 비어있는 학교 토끼 사육장에서 키울 수 있게 해주셨고, 학생들은 새끼 고라니를 함께 돌본다. 학생들은 올가미에 걸려 오른쪽 다리가 잘린 새끼 고라니의 의족을 만들어주기 위해 모금 활동을 하고, 고라니를 진정으로 사랑한다면 야생으로 돌려보내야 한다는 토의 결과에 따라 고라니를 산으로 돌려보낸다. 그 후에도 아이들은 동물의 생명을 돌보는 활동을 멈추지 않는다. 작은 시골 중학교에 다니며 자신감이 없던 은비는 자신의 꿈을 찾아 충주생명과학고등학교 동물보호과에 지원하게 된다.

🐦 야생 동물 밀렵은 옛날 일?

야생에서 다친 새끼 고라니를 보면 어떻게 해야 할까? 은비 주변에 있는 어른들이 야생 동물을 대하는 태도는 은비와 너무 다르다. 은비 가족과 마을 어른들은 야생 동물을 불쌍해한다거나 상처를 치료해 주어야 한다는 생각이 없다. 어떤 사람은 농작물에 해를 입히는 유해 조수라고 생각하고 어떤 사람은 몸보신에 좋은 음식이라고 생각한다. 특히 마을에서 가장 부자인 일흔여섯 살 김 씨 할아버지는 몸보신이라면 물불을 안 가린다. 얼마 전에는 중국에 여행 가서 서른 가지가 넘는 보양식을 다 먹어보고 왔다고 자랑 아닌 자랑을 늘어놓았다. 철삿줄 올가미에 목이 파이고 한쪽 발목이 부러져 뼈가 드러난 새끼 고라니가 가쁜 숨을 몰아쉬는 것을 보면서 김 씨 할아버지와 마을 어른들은 더 크기 전에 먹어야 약효가 좋다며 연신 군침을 삼킨다.

주인이 없는 야생 동물을 먹는 것은 잘못이 아닐까? 법은 잘못이라고 명확하게 말한다. 우리나라는 「야생 생물의 보호 및 관리에 관한 법률(야생생물법)」에 따라 야생 동물을 먹는 것도, 사냥하는 것도 금지하고 있다.

나는 지금은 먹을 것이 귀한 시절도 아니고 야생 동물이 기생충이나 질병을 전파할 위험이 있다는 것이 알려져 야

생 동물을 먹는 사람이 거의 없을 거라고 생각했다. 야생 동물 밀렵에 관한 영상을 찾아보니 2000년대 초에 KBS에서 방영한 〈환경스페셜〉 정도뿐이니 오래전 일이라고 생각했다. 이 책에 나온 내용도 극히 일부 시골에서나 있는 이야기일 거라고 생각했다.

그런데 전주, 원주, 전북환경청, 부산시, 한강유역환경청, 시흥시 등에서 야생 동물의 밀렵과 밀거래를 단속한다는 기사가 끊이지 않고 있다. 단속원들이 건강원과 음식점을 단속하는 모습, 올가미나 창애와 같은 엽구가 동물들이

다니는 길목에 숨겨진 모습도 보인다. 잘못된 보신 문화가 암암리에 계속되고 있는 것이다. 환경부와 한강유역환경청▧ 등에 따르면 야생 동물 밀렵, 밀거래, 올가미와 같은 엽구 제작 등에 대한 적발 건수가 계속해서 발생하고 있다.

전문 밀렵꾼들이 놓은 통발이나 덫을 보니 뱀, 멧돼지 등 표적이 된 동물 외에 개구리, 쥐 같은 작은 동물들까지 피해를 당하고 있다. 덫을 설치하느라 베어버린 나무가 고사하는 모습도 볼 수 있었다. 등산객이나 버섯을 따는 사람들이 다치는 일도 있다고 한다.

징그러운 뱀이 없어지면 놓지 않냐고 생각하는 사람도 있겠지만, 마을 주민들은 밀렵꾼이 뱀을 잡아가면 천적이 없어진 두더지들이 농사지은 것을 파헤쳐서 피해가 크다고 말한다. 밀렵과 밀거래를 통한 생물 다양성 파괴는 야생 동물 질병을 비롯한 여러 문제를 야기한다.

은비 부모님은 야생 동물이, 그것도 어릴수록 큰돈이 된다는 것을 알게 된 후 농한기가 되자 본격적으로 덫을 놓고 다니셨다. 다른 부업을 하는 것보다 이익이 크다고 말하는 부모님을 보며 은비는 부모님과 점점 더 멀어진다.

▧   "불법 밀렵 기승… 야생 동물이 죽어간다", 경기일보, 2022년 1월 11일

🕊 '먼사모'에서 '동사모'로

야생 동물이 몸보신에 좋다고 하는 어른도 있지만 동물을 사랑하는 사람들, 특히 청소년들이 있어서 다행이다. 새끼 고라니 '먼데이'를 자주 만나다 보니 아이들은 자연스럽게 '먼사모(먼데이를 사랑하는 모임)'를 결성하고 오른쪽 다리가 잘린 먼데이에게 걸음마 훈련을 시키면서 의족 아이디어도 생각해냈다.

125만 원이라는 거금을 마련하는 과정은 '얌전이' 은비가 처음으로 세상에 도전하는 시간이 되었다. 모금 활동에 대한 학교의 허락을 받는 일, 각 반을 돌며 모금의 목적을 설명하는 일, 동물 의족을 만드는 회사를 찾는 일을 은비는 용기 있게 해나갔다. 물론 인간 생명이 더 중하지 않냐며 무시하는 사람도 있었다. 그중 은비의 담임 선생님은 생명에도 우선순위가 있고 인간의 생명이 가장 소중하다고 말씀하시며 먼사모 활동을 탐탁지 않아 하셨다.

그런데 인간의 생명이 최우선이라는 생각이 먼데이를 돕는 것과 뭔 상관이 있는지 잘 모르겠다. 인간을 먼저 도운 다음 동물을 도와야 하는 건 아니지 않은가 말이다. 동물을 도우면 사람부터 생각하라고 하고, 해외 재난 피해 복구를 위해 모금하면 우리나라 사람부터 도우라고 하는 사람들이 있는데, 불쌍하게 여기는 마음이 우선되면 좋겠다.

의족을 하고 걷게 된 먼데이. '먼사모'도 변화하기 시작했다. 부회장 예림이가 먼데이를 산에 풀어주자고 한 것이다. 야생 동물을 사육장에 가두어놓고 기르면 인간에게 길들여져 야생성을 잃게 된다는 의견과 가엾은 동물을 계속 보살펴주어야 한다는 의견이 나왔다. 어떻게 하는 게 먼데이를 위한 일인지 토론하던 아이들은 결국 먼데이를 처음에 발견했던 곳으로 돌려보내기로 한다.

먼데이가 돌아가는 날, 동아리 회원들은 물론 그동안 도와주신 털보 아저씨, 선생님, 지방 신문 기자까지 많은 사람이 모여 지켜보았다. 그중에는 김 씨 할아버지와 동네 주민들, 은비 부모님도 계셨다.

먼사모는 '동사모(동물을 사랑하는 모임)'로 이름을 바꾸었고, 동사모는 귀엽고 예쁘지 않은 동물도 사랑하는 모임으로 한 발 더 성장했다. 먼데이만 사랑하는 20퍼센트짜리 불완전한 사랑을 온전하게 채워갔다. 이제 학교 사육장에는 차에 치인 들고양이도 있고 덫에 걸린 새끼 멧돼지도 있다. 아이들은 환경부에 육교형 생태통로를 만들어 달라고 건의할 예정이다. 은비는 든든한 후배들의 활동을 보며 동물을 사랑하고 치료하는 수의사가 되는 꿈을 품고 고등학교에 진학한다.

세상에는 많은 '동사모'가 있다. 새들이 날아가다가 투명한 유리창에 부딪히지 않도록 스티커를 붙이는 활동, 고래가 숨 쉬는 바다를 만들기 위한 플라스틱 업사이클링 전시, 야생 동물을 보호하는 캠페인과 쓰레기 줍깅 등을 하며 동물 존중과 사랑을 실천하는 사람들이다.

동물은 우리 안에 있는 따뜻함과 창의성을 끌어낸다. 사람들은 동물을 보며 즐거움을 느끼고 위로받고, 물고기와 새를 보며 잠수함과 비행기 아이디어를 얻는다. 동물들은 인간에게 '아낌없이' 주고 있다. 이제 우리도 같이 나누며 살아가는 것을 고민해야 할 때이다.

🔥 지구를 어떻게 같이 쓸까?

배가 고파 민가로 내려오는 동물을 위해 겨울 산에 올라가 이동 통로에 먹이를 놓아두는 사람들이 있는 걸 보면, 인간 때문에 터전을 빼앗긴 야생 동물과 함께 살아야 한다는 생각에 공감하는 사람들이 조금씩 늘고 있는 것 같다.

하지만 준비는 한참 부족한데 도시로 돌아오는 동물이 늘고 있어 문제가 되고 있다. 비둘기와 멧돼지, 고라니 뉴스에 익숙해지기도 전에 너구리, 수달, 뱀, 박쥐까지 도심에 나타나고 있다. 서울에 사는 야생 포유류는 약 30종이라고 한다.

사람들은 심각해지는 기후 위기도 지구 파괴를 멈추기보다 빨리 적응하는 법을 찾았다. 더 시원하게, 더 안전한 장치로 불편과 위험을 피했다. 적응에 어려움을 겪는 동물에 대해서는 생각하지 않았다. 그저 유해 조수가 출몰하는 것에 놀라 서둘러 쫓아내고 죽일 방법을 찾았다. 얼마 전 개정된 「야생생물법」에는 지자체장이 조례로 유해 야생 동물 먹이 주기를 금지하거나 제한할 수 있도록 하는 규정이 담겨 있다. 이들이 왜 위험을 무릅쓰고 사람이 사는 근처까지 오는지, 생태계에 어떤 영향을 주는지 등에 대한 고려가 없는 성급한 결정이 아쉽기만 하다.

인간에게 떠밀려간 동물들이 도시로 돌아오는 것도 문제지만 인간에 의해 쓰이다 버려진 동물에 대한 책임 있는 대책도 필요하다. 우리나라 텃새의 대명사였던 참새를 보기 어려워진 지 오래다. 도시에서는 살기 어렵고 농촌도 초가나 기와집이 대부분 없어진 데다가 농약 사용으로 먹이가 줄어들었기 때문이다. 반면 비둘기는 오랜 시간에 걸쳐 도시에 적응해 개체 수가 너무 늘어났다. 도심 환경과 아스팔트 색깔에 영향을 받아 밝은 회색과 흰색 비둘기는 줄고 어두운 회색 비둘기가 많아졌다. 그런데 도심 속 비둘기는 어쩌다 이렇게 많아졌을까? 1988년 제24회 서울올림픽 때 올림픽을 상징하는 2,400마리의 비둘기를 개막식에서 날려 보낸 것이 시초였다. 이들이 어디서 어떻게 살지 아무도 신경 쓰지 않은 채 말이다.

필요에 의해 야생 동물을 마구잡이로 대한 것은 이뿐만 아니다. 우리나라는 1981년 정부가 웅담 채취용으로 수입을 장려하면서 반달곰을 사육하기 시작했다. 살아있는 곰의 쓸개즙을 채취하는 잔인한 곰 사육 정책은 없어졌지만 아직도 전국에 300여 마리의 사육 곰이 남아있다. 농가에서 사육을 포기한 이 곰들은 야생으로 돌아갈 수도 없고 동물원으로 갈 수도 없다. 구례와 서천에 들어서는 보호 시설에는 절반도 수용할 수 없어 현재 해외 보호 구역으로 이주하는 작업을 벌이고 있다고 한다.

1980년대 후반 축산업자가 전남 안마도에 버린 사슴 10여 마리는 수백 마리로 불어나 총기로 수렵될 것이라 하고, 희귀하다고 키우다가 버린 야생 동물로 생태계 교란에 대한 우려의 목소리가 커지고 있다. 필요하니 '가져온다', 필요가 없으니 '버린다'로 요약되는 이 부끄러운 행동을 내가 안 했다고 모른 척할 수는 없다. 다시는 이런 일이 일어나지 않도록 대책을 세우고 피해를 당한 야생 동물들이 본성에 맞게 살 수 있는 환경을 마련해 주어야 할 것이다.

3월 3일은 '세계 야생 동물의 날'이다. 1960년대 세계 곳
곳에서 일어난 난개발과 밀렵으로 많은 야생 동물이 멸종
위기에 놓이자 국가 간의 거래를 규제하며 제정한 날이다.
세계는 지금 지구를 인간만이 쓰는 게 아니라 지구가 품고
있는 모든 생명이 함께 쓰는 것이 당연하다는 방향으로 나
아가고 있다. 인간이 개발한 환경에 묵묵히 적응한 야생 동
물에게 왜 여기 살아서 나에게 피해를 주느냐고 화내는 것
은 명백한 '적반하장'이다.

채인선 작가는《그림자 형제를 위하여》라는 책에서 고라
니가 내려오는 문제를 해결하는 방법을 알려준다. 풀숲이
나 나무가 많지 않은 들에서 풀을 뜯고 뛰어다니도록 나라

에서 산기슭의 땅을 사들여 동물들에게 돌려주라고 말이다. 그 땅에 고라니, 토끼, 노루가 잘 먹는 풀이나 작물을 심고, 주위에 자잘한 나무로 울타리를 만들면 동물의 영역과 사람의 영역이 자연스럽게 경계가 진다. 그러면 숲의 동물도 마음 편히 살고 밭작물을 걱정하지 않을 수 있어 '일석이조'라는 것이다. 다른 생명과 공존하는 현명한 '지구 함께 쓰기'를 열심히 고민할 때다.

사고를 확장하는 토론·논술 활동

1   2023년 12월 20일 「야생 생물 보호 및 관리에 관한 법률」이 개정되어 지방자치단체가 조례로 '비둘기 먹이 주기'를 금지할 수 있게 되었습니다. 동물보호단체는 비둘기를 굶겨 죽이는 법이라며 유해 야생 동물들에게 불임 먹이를 급여할 것을 촉구했죠. 해외에서도 비둘기 개체 수 조절을 위해 비둘기를 포획한 후 중성화 수술, 알을 불능 상태로 만드는 노력 등을 하고 있습니다. 비둘기 개체 수를 조절하기 위해 어떤 방법을 식냥이는 깃이 저접하다고 생각하는지 이야기해 봅시다.

3   야생조수보호협회 활동을 하는 털보 아저씨는 도시에 멧돼지가 나타났을 때 총으로 쏴서 죽이지 말고 마취 총을 쏴서 다시 산으로 돌려보내야 한다고 말합니다. 털보 아저씨의 의견에 동의하나요?

    ☐ 동의한다.   ☐ 동의하지 않는다.

4   정읍시는 2023년 8월 말, 유해 야생 동물 피해 181건의 보상 사업을 진행했고 1,200마리가 넘는 고라니를 포획했습니다. 국제 멸종위기종이자 유해 동물인 고라니와 인간이 함께 살 수 있는 방법

에 대해 다음 세 가지 입장 중 하나를 택해 토론해 봅시다.

박종범(정읍시 농민) : (고라니가) 고구마 새순을 다 뜯어먹어 버려서 고구마가 달리질 않아요. 울타리를 쳐놨는데도 소용없습니다.

김백준(국립생태원 생태신기술팀장) : 고라니는 전 세계적으로 우리나라와 중국을 주된 서식지로 살고 있는데 중국에 1만여 마리, 우리나라에 10만 마리 이상 살고 있는 것으로 추정하고 있습니다. 고라니 개체 수가 상당히 높은 것은 사실입니다.

박진아(충남 야생동물구조센터 재활관리사) : 우리나라에서는 고라니가 농작물 망치는 동물로 낙인이 찍혀있어서 "왜 구조하냐? 그냥 죽게 내버려둬라."라고 하시는 분들도 많고… 야생 동물이 절멸하는 것은 한순간이거든요. 사람들이 고라니를 배척한다면 지금은 멸종된 도도새처럼 사진이나 박제로만 볼 수도 있을 것 같다는 생각이 들어요.

(출처: "쫓기는 국제 멸종위기종 고라니!", YTN, 2023년 9월 24일)

5 인간과 자연의 관계를 보는 관점으로 '인간중심주의'와 '생태중심주의'가 있습니다. 어느 관점을 선택하는 것이 좋은지 논술해 봅시다.

인간중심주의	생태중심주의
인간을 가장 가치 있는 존재로 여기고 인간의 이익이나 행복을 먼저 고려하는 관점이다. 인간의 필요와 이익에 도움이 되지만 환경 문제 유발 가능성이 높다.	인간의 이익보다 인간을 포함한 자연 전체의 균형과 안정을 먼저 고려하는 관점이다. 자연의 인위적인 복원에 반대하며 자연 현상에 의해 일어난 산불 개입도 최소화한다.

나비의 날갯짓이 계속되도록

나는 어릴 적 마당에서 개미를 쫓아다니며 놀았다. 어떤 날은 개미가 가는 길에 설탕을 뿌려보고 어떤 날은 과자 부스러기를 준 다음 개미들이 큰 조각을 함께 옮기는지 살펴보느라 바빴다. 개미를 보다가 지루해지면 손잡이가 긴 가방을 빙빙 돌려서 사철나무를 '탁' 치곤 했다. 그러면 나무에 앉아있던 파리가 동시에 날아오르는데 파리 수십 마리가 반짝이며 날아오르는 모습이 장관이었다. 이후 대학에 들어가서는 틈만 나면 배낭을 메고 여행을 다녔다. 값싼 민박집에 묵을 때 만나는 벌레들을 그때는 힘들여 쫓지 않았다. 곤충은 그냥 그곳에 원래 살고 있었고, 좀 귀찮지만 쫓으면 가는, 당연히 세상에 있는 존재라고 생각했다.

이런 나와는 달리 아이는 벌레를 보면 소리부터 지른다. 작은 거미라도 보이면 화장실도 못 가고 왜 파리와 모기가 세상에서 사라지지 않느냐고 징징댄다. 심지어 예쁜 나비도 무섭다고 한다. 생각해 보면 아이는 마당이 있는 집은커녕 변변한 화분 하나 없는 아파트에서 태어나고 자랐다. 상점에서 사 오는 꽃다발에 나비와 벌이 있을 리 없고, 공동 주택에서는 한 달에 한 번씩 꼬박꼬박 소독을 하니 곤충에 대한 낯섦과 혐오가 자연스럽게 생겼을 것이다.

얼마 전 수원시 기후변화체험관에 갔을 때 새소리가 나오는 교구를 체험했다. 소리 버튼을 누르면 나오는 열두 가지 새소리에 마음을 빼앗겨 인터넷으로 얼른 구매했다. 아뿔싸! 서두르다 보니 다른 제품을 주문했다. 집에 도착한 것은 매미와 개구리, 풀벌레 소리 교구였다. 새소리는 품절이 되어서 교환도 못 하는지라 속상한 마음으로 버튼을 눌러보았다. 나는 이제 참매미와 애매미 소리를 구분할 수 있고, 제일 좋아하는 소리로 방울벌레와 왕귀뚜라미 소리를 꼽는다. 곤충을 싫어하는 아이도 신기한지 소리를 들으며 동봉한 그림들을 살펴본다.

《억울한 곤충들》을 쓴 조성준 작가는 도시화와 아파트 중심의 주거 문화에서 살고 있는 사람들에게 색다른 모습으로 살아가는 곤충들을 자주 보여주고 알게 해주면, 모든 생물이 '귀한 생명'이라는 것을 알게 되고 함께 사는 '우리'로 대하게 될 것이라고 했다. 만화계의 오스카상으로 불리는 아이즈너상 수상 작가 조나단 케이스의 그래픽 노블《멸망한 세계에서 우리가 나비를 쫓는 이유》를 소개하는 까닭도 청소년들이 곤충에 대해 알아가는 데 도움이 되길 바라서다.

《멸망한 세계에서 우리가 나비를 쫓는 이유》
조나단 케이스 지음

2049년, 태양 대격변으로 대부분의 포유류는 태양의 복사선에 있으면 몇 시간 안에 죽는 일광병으로 멸종한다. 우연히 지하 벙커에 있던 사람들만 살아남아 밤에만 활동하는데 과학자 '플로라'도 그중 한 명이다. 플로라는 백신 제조에 성공하지만 약효는 36시간뿐이고 원료인 제왕나비 비늘은 나비의 멸종으로 구하기 어렵다. 엘비의 부모는 어린 딸 엘비를 플로라에게 맡기고 멕시코 미초아칸의 제왕나비 숲으로 떠닌다. 3개월 후 지하 벙커가 약탈자의 습격을 받자 플로라 역시 엘비와 함께 멕시코로 향한다.

플로라는 여행을 하며 연구를 계속하고 열 살된 엘비는 나비 채집을 도우며 지내던 7년 후 어느 날, 지진으로 무너진 벙커 사이에서 꼬마 시토를 발견한다. 시토를 찾으러 온 사람들은 백신 만드는 것을 돕겠다며 함께 있게 해달라고 부탁한다. 새로운 일행이 도와주자 플로라는 연구에 집중할 수 있었지만 이들은 결국 플로라의 백신 제조법을 가로채고 제왕나비 보호 구역에 있는 나비 비늘을 휩쓸어 가버렸다. 일광약 백신이 떨어진 플로라와 엘비, 시토는 태양을 피해 동굴에 숨어 지내다가 제왕나비가 돌아오는 계절이 되자 멕시코에 있는 제왕나비 보호 구역으로 떠난다.

플로라는 과연 영구 백신을 만들어 지하 벙커 주민들에게 나누어주었을까? 지구를 멸망에 이르게 한 인간들이 허겁지겁 제왕나비의 이동 경로를 쫓고 있다. 인간 때문에 사라지는 것들이 인류를 살릴 수 있었다.

🦋 멸망한 세계에 남은 사람들

지구 멸망은 터무니없는 상상일까? 폭염, 홍수, 산불처럼 가까이에서 느껴지는 기후 위기 소식, 영구 동토층이 녹으면서 발견되는 바이러스, 핵 보유국인 러시아나 이스라엘의 분쟁 등을 생각하면 마음을 놓을 수 없다.

여기 부족한 상상을 채워주는 그래픽 노블이 있다. 멸망한 세계에서 살아남은 사람들은 어떤 모습인가? 갑작스러운 재앙을 만난 사람들은 무엇보다 생존이 급급하다. 태양을 피해 지하 벙커에 살던 1세대 지하 주민들은 처음에는 교량과 도로를 스스로 정비하는 '브루스'에 내장된 무전망을 이용해 미국 전역으로 무전기를 공급했고 미국 전체 지하 벙커를 주별로 분류한 후 이름을 붙였다.

그러나 사람들은 점차 공용 무선 채널 접속을 포기한다. 벙커의 위치와 주민 정보가 알려지면서 약탈자들의 공격을 받았기 때문이다. 이제 사람들은 고립되어 다른 벙커에 누가 사는지, 착한 사람인지 아닌지 알 수 없게 되었다. 태양 대격변 후 60년이 지났지만 암울한 세계를 바꾸겠다는 생각은 아무도 하지 못하고 있다.

생물학자인 '플로라'도 여행 중에 지하 벙커 표시가 있어도 절대 무선 연락을 하지 않았다. 엘비가 백신 연구의 계기가 된 밀크위드 연구자와의 연락을 권해 보지만 플로라는 위험하다며 단번에 거절했다. 약이 충분하지 않고 절박한 사람들은 더 위험하게 할 수 있다는 이유에서이다.

그렇게 조심스럽던 플로라가 왜 맥콜의 꼬임에 넘어가 백신 제조법을 알려준 걸까? 맥콜은 플로라가 고민하는 지점을 정확하게 알고 그를 속였다. '당신은 남은 이들을 경계하고 피해 다니느라 시간을 허비하고 있지 않느냐, 백신이 성공하면 누구에게 어떻게 나누어줄 것인지도 미리 생각해야 한다, 나이 든 당신을 꼭 돕고 싶다.' 맥콜의 말에 플로라는 마음을 바꾼다.

만약 약탈자들의 위협이 없어서 지하 벙커 주민들이 서로 연락하고 살았다면, 모두가 협력해서 제왕나비 비늘을 모았더라면 맥콜이 약을 가로채려는 음모도 막을 수 있지 않았을까? 멸망한 세계에도 여전히 악인의 욕망과 분쟁은 존재한다. 이 때문에 백신 제조가 늦어진 것이 안타깝기만 하다.

다행인 것은 악인도 있지만 그 반대인 사람들도 있다는 것이다. 플로라가 제왕나비로 약을 만든 것이 2080년이니 부모님으로부터 시작된 연구를 완성하는 데 30년이 걸렸다. 아무런 대가 없이 그 오랜 시간을 연구에 매진한 것이다. 몇 마리의 제왕나비만 있어도 플로라와 엘비는 살아갈

수 있었다. 하지만 그들은 위험을 무릅쓰고 제왕나비를 쫓는 긴 여행을 했다. 영원히 면역되는 영구 백신을 만들어 세상에 남아있는 모든 지하 벙커 주민을 돕기 위해서.

플로라를 도운 엘비 부모님도 그녀와 같은 마음이었다. 플로라가 지하 벙커에서 백신 연구에 몰두해 있을 때 엘비의 외할아버지는 당장 먹을 것부터 구하기를 바랐지만 엘비의 부모님은 플로라의 백신 연구를 위해 위험을 무릅쓰고 멕시코의 제왕나무 숲으로 떠났다.

희망의 끈을 놓지 않고 노력하는 모습은 엘비도 마찬가지. 맥콜의 음모를 알아차린 엘비는 독성이 있는 밀크위드의 즙을 이용해 위기를 모면하고, 파상풍에 걸린 플로라의 목숨이 위태로워지자 태풍을 뚫고 바다를 건너 약을 구해 온다. 어려움을 두려워하지 않고 헤쳐 나가는 이들의 모습은 캐나다 남부부터 멕시코까지 무려 5,000킬로미터를 날아가는 제왕나비의 장엄한 이동과 닮아있다.

우리가 지구 멸망을 더 가깝게 느낀 것은 코로나19 팬데믹 때였다. 모두가 두려움에 빠져 허둥내고 있을 때 코로나19 백신을 개발한 과학자가 있었다. 세계 최초로 mRNA 백신을 개발한 커털린 커리코 박사다. 2023년 노벨 의학상을 받기 전까지 수십 년을 무명의 과학자로 살았던 그는 동료 과학자들에게 비웃음을 당하고 실험실에서 내쫓기는 수모를 겪으면서도 연구를 계속했다. 이런 사람들이 있기에 세상은 조금씩 변하고 있다.

메건 호이트, 《커털린 커리코》, 풀빛

🪰 곤충이 주는 것들

엘비의 일지는 신기하고 놀라운 생물에 관한 지식으로 가득하다. 열 살 아이의 실력이라고 믿기지 않는다. 생물학자인 플로라의 영향을 받았겠지만 무엇보다 엘비는 멸망한 세계에서는 이런 지식이 생존에 도움이 된다고 여겼다. 세계가 멸망한 후 사람들은 지구에 남은 물건으로 연명해 왔지만 식량과 약은 언젠가는 고갈될 것이고, 그래서 지구에 남은 생물에 대해 아는 것은 더없이 소중하니 말이다.

멸망한 세계에서 엘비가 관찰한 황소다시마는 식량 재료가 되었고 비둘기 두 마리는 무전기를 대신하는 우체부 역할을 했다. 플로라가 맥콜의 칼에 상처를 입었을 때는 금잔디를 붙여 상처를 치료했다.

플로라와 엘비가 찾아다니는 제왕나비는 겨울에는 따뜻한 멕시코와 캘리포니아 숲에서 지내다가 봄이 되면 출발지였던 북쪽으로 되돌아온다. 북쪽으로 이주하는 제왕나비 1~3세대는 한두 달만 생존하는데 다시 남쪽으로 내려가는 4세대는 8~9배나 더 오래 사는 슈퍼 제왕나비가 되어있어 놀라움을 자아냈다. 사실 사람들은 곤충에 대해 잘 알지 못한다. 곤충에 대한 연구는 70년 정도밖에 되지 않았다.

　우리는 곤충을 '벌레'라는 이름으로 무시하고 'ㅇㅇ충'처럼 혐오와 연결 지어 생각한다. 벌은 꽃가루를 옮겨주고 꿀을 생산하니 보존해야 하지만 대부분의 곤충은 싫어하는 것을 넘어 '없애야 할' 존재로 여긴다.

　판단 근거도 부족하고 기준도 멋대로다. 나비는 예쁘다고 좋아하지만 나비 애벌레는 애써 키운 농작물을 파먹는다고 죽인다. 파리와 모기는 꽃가루를 옮기는 '착한' 일도 하고 질병을 옮기는 '나쁜' 일도 하는데 해충으로 결론을 내린다. 우리가 더럽다고 혐오하는 파리는 쓰레기와 썩은 오물을 처리하기도 하고, 법의학에서는 검정파리 구더기를 이용해서 살인 사건 사망 시간을 추정하기도 한다. 미국 남북전쟁 당시 부상병들은 구더기를 이용해 사지를 절단하는 상황을 막았다고도 한다.

곤충 자체가 주는 이로움 외에도 인간은 발명품을 만들 때 곤충을 모방해왔다. 거미줄을 보며 가볍고 질긴 섬유를 개발하고 꿀벌을 본떠 드론을 만들었다. 무엇보다 곤충은 식물을 먹는 1차 소비자로, 곤충이 없으면 새, 개구리 등 2차 소비자인 동물은 생명을 유지할 수가 없다. 최종 포식자인 인간이 생존할 수 없음은 물론이다.

곤충은 식물과 동물을 이어주는 중요한 생명이다. 이 책의 설정을 보면 태양의 복사선 때문에 대부분의 포유류가 죽는다. 만약 포유류 대신 식물과 곤충이 죽었다면 살아남은 포유류, 특히 인간은 어떻게 되었을까? 먹을 것이 없어서, 남아있는 먹거리를 차지하려고 싸우다가 더 잔혹하고 비참한 최후를 맞이했을 것이다.

🦋 생물다양성, 더 풍요로운 세상

곤충을 포함한 무척추동물이 지구상에 나타난 것은 6억 5,000만 년이 넘었는데 겨우 20만 년을 산 인류가 생태계의 우두머리 역할을 하면서 다른 생명을 멸종시키고 있다.

1999년부터 시작해 성공한 축제로 꼽히는 함평 나비축제의 나비는 지역에 자생하는 나비가 아니라 며칠간의 축제를 위해 인공적으로 부화한 나비이다. 가족 행사가 많은 5월 초를 축제 시기로 잡기 때문에 나비들은 추위에 떨다가 축제가 끝나는 대로 모두 폐기된다. 지역 경제를 살리기 위해 살아있는 생명을 이용하는 축제에 '성공적'이라는 말을 써도 되는 걸까? 나비의 날갯짓이 계속되려면 우리가 해야 할 일은 무엇일까?

기후 변화와 가뭄 등으로 제왕나비의 서식지와 개체 수가 급감하자 전 세계적으로 나비와 생태계를 지키려는 움직임이 일어나고 있다. 환경운동가이자 생태학자인 사라 다이크먼▪은 제왕나비의 대이동을 따라 264일 동안 자전거로 멕시코와 미국, 캐나다를 이동하면서 환경이 어떻게 변하고 있는지 직접 보고, 나비를 연구하고 보존하려는 사

▨　사라 다이크먼, 《그 많던 나비는 어디로 갔을까》, 현암사

람들을 만났다.

제왕나비를 돌보는 '나비 집사'인 이들은 제왕나비 애벌레의 유일한 먹이가 되는 밀크위드를 가꾸고, 제왕나비 날개에 스티커를 붙여 이동을 추적하면서 제왕나비 서식지가 어떻게 변하고 있는지를 조사했다. 사라 다이크먼은 여행 내내 "우리는 왜 제왕나비를 구해야 하는가?"라는 질문을 수도 없이 받았다고 한다. 그때마다 그녀는 "우리가 제왕나비를 구해야 하는 이유는 제왕나비가 존재하기 때문"이라고 말했다.

멕시코 사람들은 집단으로 날아오는 제왕나비의 귀환을 보며 세상을 떠난 죽은 자들의 영혼이 나비가 되어 돌아온다고 생각하고 축제를 열었다. 유대인 대학살을 비롯한 대량 학살로 스러져간 어린 영혼을 추모하는 행사에서는 어린이들이 저마다 만든 종이 나비 뒤에 착한 일을 하나씩 적고, 학살 희생자들이 할 수 있었던 착한 일을 자기가 대신하겠다는 약속하는 프로젝트가 진행되기도 했다. 이처럼 곤충은 생태계를 살리고 우리의 마음을 건강하게 해준다.

산에 오르면 크게 "야호~"를 외치던 시절이 있었다. 지금은 산에 사는 생명체들을 방해하지 않기 위해 목청을 높이지 않는다. 우리는 곤충을 보면 '적'으로 간주하고 해치는데, 나와 다른 존재에 대한 호기심을 과도한 불안으로 키운 산업이 퍼뜨린 정보가 아닌지 생각해 보고 곤충과 공존하기 위해 할 수 있는 것들을 찾아보아야 할 것이다. 친환경 모기 살충제를 만들어 주변에 선물하기, 반딧불이 서식지 보존을 위한 개발 반대에 서명하기, 크리스마스가 되면 나무를 뒤덮는 반짝이 조명이 어떤 영향을 미치는지 알아보기와 같은 작은 것이라도 말이다.

멕시코 뉴스에서 줄어들던 제왕나비가 전년도보다 35퍼센트 증가▨했다는 기쁜 소식이 전해졌다. 모든 생물은 존재할 권리와 가치를 가진다는 생각이 나비 날갯짓처럼 조금씩 변화를 가져오나 보다. 곤충은 적응 강자이다. 적응에 뛰어난 곤충이 살기 어려운 생태는 인간도 살기 어려운 곳이다. 곤충이 일으키는 문제보다 없어서 생기는 문제가 훨씬 더 심각하다는 것을 기억하고 곤충과 우호적 관계를 맺을 수 있도록 노력해야 할 것이다.

▨　"기후 변화에 적응했나…멕시코 찾아온 제왕나비 35% 증가", 연합뉴스, 2022년 5월 26일

1 몇 년 전 코로나19 백신을 맞는 순서에 대해 사람들은 어떻게 하는 것이 공정한지 고민했습니다. 플로라가 일광병을 막는 제왕나비 백신을 만들 수 있다는 것을 알게 된 맥콜은 "백신을 만들면 누가 혜택을 보냐?"고 묻습니다. 플로라가 영구적인 백신 제조에 성공한다면 백신을 누구에게, 어떻게 나누어주는 것이 좋을지 이야기해 봅시다.

2 맥콜은 플로라가 백신 만드는 것을 지켜본 후 백신을 흉내 낸 약을 만들었습니다. 그런데 맥콜이 만든 약을 먹고 낮에 나와 돌아다니던 서쪽의 지하 벙커 주민 일부가 죽었습니다. 맥콜은 왜 가짜 약을 만들었는지 자신의 생각을 말해 봅시다.

3 지식재산권은 인간의 지적 활동으로 창작된 상품에 부여하는 재산 권리를 말합니다. 코로나19 팬데믹을 겪으며 강대국은 백신 사재기로 백신이 남아 폐기 처분하는 반면, 저소득 국가에서는 백신 접근성이 떨어지는 상황이었습니다. 백신 이기주의를 우려하는 사람

들은 의약 분야에 대해서는 지식재산권 보호를 예외로 해야 한다고 주장합니다. 백신의 지식재산권 면제에 대해 어떤 입장인지 토론해 봅시다.

　□ 백신 지식재산권 면제에 찬성한다.
　□ 백신 지식재산권 면제에 반대한다.

4　플로라와 엘비는 자신들을 해치고 백신 제조법을 훔치려 한 맥콜 일당을 죽이지 않고 인구 지하 벙커 사람들에게 무전으로 이들이 있는 곳을 알려줍니다. 플로라의 이런 결정에 대해 어떻게 생각하는지 토론해 봅시다.

　□ 동의한다.　　　　　□ 동의하지 않는다.

5　엘비는 갑작스러운 사고로 죽음을 맞이한 루이스 아저씨를 생각해도 눈물이 나지 않는 자신의 모습에 놀라며 그를 기억하지 못할까 봐 걱정합니다. 플로라는 아저씨에 대한 기억을 글로 써서 남기면 된다고 말해 줍니다. 자신의 이익과 상관없는 사람들도 살리려 노력하는 두 사람의 모습을 통해 멸망한 세계에서 우리가 인간다움을 잃지 않아야 하는 이유는 무엇이라고 생각하는지 논술해 봅시다.

환경 활동, 재미있고 행복하게

심리학자 김명철 작가님의 강의 중 친환경 행동을 주제로 강연할 때 가장 많이 받은 질문은 "나 한 사람이 해 봤자 무슨 소용이 있나요?"라고 한다.

고개가 절로 끄덕여진다. 건강에 나쁘다고 하지 말라고 하면 실천하는 사람이 몇 명이나 될까? 그런데 나는 자꾸 청소년들을 '계몽'하려고 한다. 가령 요즘 청소년들이 음료수를 너무 많이 먹는 것 같아 '에너지음료'에 대해 조사해 본 적이 있다. 덥거나 졸려서 습관적으로 마시는 음료에 설탕뿐 아니라 카페인이 어마어마하게 들어있어 외국에서는 18세 미만에게 판매 금지를 한 나라도 있을 정도라고 한다.

아이들에게 에너지음료의 심각성에 대해 알려주고 싶었고, 수업하고 나면 에너지음료를 덜 먹을 거라고 생각했다. 그런데 웬걸, 쉬는 시간에 아이들이 자판기에서 뽑아온 건 다름 아닌 에너지음료였다. 자꾸 들으니까 먹고 싶더라나? 자주 안 마시니까 괜찮을 거란다. 이게 뭐람. 내가 에너지음료를 홍보한 건가.

나와 비슷한 경험을 한 사람이 있다. 건강한 급식을 위해 노력하는 영국의 요리사 제이미 올리버는 가공육이 얼마나 질 낮은 재료로 만들어졌는지 보여주기 위해 그 재료를 눈앞에서 믹서로 몽땅 갈아 너깃을 만들었다. 그 너깃을 먹고 싶은 사람 있냐고 물었을 때 한두 명의 어린이만 빼고 모두 손을 들었다고 한다. 눈살을 찌푸리는 것은 잠깐. 고소한 냄새와 먹음직스러운 모습은 강력한 유혹이 된다. 우리가 책과 영상으로 가축이 도살되는 것을 보아도 육식을 계속하는 것과 같다.

기후 위기가 심각한 만큼 환경 교육의 중요성이 커지고 있다 학교마다 생태 전환 교과서를 개발하고 그림책 활용 수업, 지역 연계 수업, 과학 연계 수업 등 적절하고 효과적인 방법을 찾고 있다. 하지만 꽤 많은 환경 책의 내용이 어렵다. 그래프와 숫자, 익숙하지 않은 용어가 잔뜩. '~해라'와 '~하지 마라'는 내용이 많아 부담스럽다.

환경 영화를 보면 무서운 미래 모습에 두려움이 커지고 '이생망(이번 생은 망했다)'이라는 괜시리 말이 떠오른다. 환경부 보고서에 따르면 청소년들이 기후 위기에 대해 느끼는 감정은 불안감이 압도적으로 높고 무력감, 당혹감, 죄책감이 뒤를 잇는다고 한다.▧ 청소년이 주인공이면서 밝고 희망적인 내용은 없을까?

▧   이재영(2023), 청소년의 환경·지속가능발전 인식조사, 환경부·공주대학교

《첫사랑 49.5℃》 중 〈쓰레기 산〉 탁경은 지음

== *the book's summary* ==

성적, 음식 취향, 취미까지 언니와 모든 게 정반대인 주인공은 사사건건 언니와 부딪친다. '행동하는 10대들의 모임' 리더인 언니는 '기후 위기' 캠페인 활동을 하고 있다. 언니는 자기 말에 무관심한 가족들에게 전기 절약, 장바구니 사용을 강조하고 음식 배달은 물론 비행기 여행도 못 하게 한다. 가장 괴로운 것은 고기를 먹지 못하게 하는 것이다. '고깃세'를 내야 해서 가족들은 한 달에 두 번만 고기를 먹는데 그것도 못마땅해한다.

언니가 행동하는 10대들의 모임에서 기후 위기를 위한 무기한 결석 시위를 시작하자 부모님은 완강하게 반대한다. 언니는 환경이 파괴되면 미래도 없는데 공부하는 게 무슨 소용이냐고 주장하다가 결국 하루걸러 학교에 가기로 합의한다. 집안이 조용해질 때쯤 학교는 쓰레기 문제로 시끄러워진다. 쓰레기 증가로 소각장이 부족해지자 수거 업체들이 손을 놓은 것이다. 학교는 쓰레기장이 되었고 매점은 문을 닫았다. 얼마 뒤 가정용 쓰레기도 엄청난 세금을 내지 않으면 수거하지 않는다는 뉴스가 나왔다.

학교에서 쓰레기 얘기를 하며 못 먹게 된 음식을 아쉬워하던 여학생들은 예주가 '생리대 쓰레기' 이야기를 꺼내자 쓰레기 문제의 심각성을 느끼고 함께 아이디어를 모은다. 생각하지 못했던 곳에서 문제가 생기고 또다시 해결책을 찾는 시간이 반복되면서 주인공은 환경 문제에 관심을 갖게 된다. 늘어나는 쓰레기로 좁아지고 더러워지는 지구에서 우리는 어떻게 살아가야 할까?

🐞 사사건건 딴지 거는 환경 리더

 같은 부모님에게서 태어났지만 성격이 다른 형제 자매가
많다. 주인공 집의 자매는 싸운다기보다 언니가 가족들에
게 명령과 간섭을 하는 집이다. 땀이 줄줄 흐르는 더운 날,
쓰레기가 나온다며 쭈쭈바를 못 사 먹게 하고, 음식 포장도,
배달도 못 하게 한다. 비행기를 타고 가는 해외 여행도 당
연히 반대한다. 환경을 보호한다는 신념은 좋지만 같이 사
는 가족은 피곤하기만 하다. 그레타 툰베리 영상을 보며 응
원의 박수를 보내는 것과 누군가 내 행동을 제한하고 금지
하는 것은 180도 다른 문제이다.

 언니 혜영은 먹고 마시고 구매하고 이동하는 모든 것을
체크하면서 가족들을 자기 신념으로 끌어들이려 한다. 가
로수에 걸려있는 '쓰레기 소각장 반대' 현수막을 보며 엄
마는 '오염 물질이 나오면 동네 공기가 탁해진다'고 걱정
하지만 언니는 '요즘엔 다 정화해서 내보내고 모든 동네
에서 반대하면 소각장은 어디에 세우냐?'는 주장을 굽히
지 않는다. 주인공은 '적당히'를 모르는 언니가 못마땅하
기만 하다.

 그레타 툰베리는 여덟 살 때 기후 변화가 심각하다는 것
을 알게 된 후 왜 사람들이 아무것도 하지 않는지 의문을

품게 되었다고 한다. 그가 15세가 되던 여름에 스웨덴 폭염과 산불이 발생했고, 그는 국회의사당 앞에서 '기후를 위한 학교 파업'을 시작했다. 학생이 결석하고 1인 시위를 한다는 것, 그것도 개인적인 성취를 위해서가 아니라 지구 환경이라는 거대 담론을 어른들에게 요구한 것은 놀라운 일이었다. 그가 한 가지에 집착하는 아스퍼거 증후군을 앓고 있어서 무모한 행동을 했다고 폄훼하는 사람들은 그레타 툰베리가 선택적 함구증으로 말하는 것을 어려워함에도 불구하고 자기 뜻을 펼친 절박함과 자발적 노력을 보았으면 한다.

사람들은 버스 정류장에 쌓인 일회용 음료 컵, 담배꽁초로 막힌 빗물받이를 보면서 버린 사람의 '도덕성'이나 지방자치단체 '관리'를 탓하곤 한다. 그러나 지나가면서 투덜대면서도 혜영이나 그레타 툰베리처럼 자기 수고를 들이진 않는다. 혜영이나 툰베리 같은 이가 가족으로 있으면 피곤할 순 있다. 그런데 이런 사람들이 있어서 내 주변 환경이 나아진다고 생각하면 고맙지 않은가? 혜영처럼 생각하고 행동하는 사람이 많았다면 주인공도 언니에게 강하게 반발하지 않았을 것이다.

유난히 더웠던 올여름, 기후 재난의 시대를 살아가며 공부하는 청소년들이 안쓰러웠다. 《폭염 살인》이라는 책을 읽어 보니 폭염으로 인한 직접 사망자가 1년에 무려 50만 명이라고 한다. 앞으로 점점 더 길어지고 더워지는 여름을 어떻게 견딜 것인지 걱정스럽다. 그런데 기후 변화가 두렵지 않냐고 아이들에게 물어보면 크게 걱정되지 않는다고 한다.

"교실에 에어컨 나오잖아요."

맞다. 시원한 교실, 하교 후 들르는 편의점, 늦은 시간까지 공부하는 학원으로 이동하다 보면 폭염을 느낄 새도 없을 것이다. 크게 불편하지 않으니 관심이 없고 관심이 없으니 바꿔야겠다는 생각이 없다.

시원한 교실에서 보는 캘리포니아와 오스트레일리아의 산불 영상은 환경이라는 근본 문제보다 이재민 지원을 생각하게 할 수 있다. 그래서일까? 주인공은 '고깃세' 때문에 벼르고 벼르다가 한 달에 두 번 고기를 먹을 뿐 이렇게 되기까지 인류가 얼마나 많은 고기를 먹었는지는 돌아보지 않는다.

🎏 한마음이 된 자매

혜영은 기후 위기를 위한 결석 시위를 시작하며 부모님 반대에 부딪힌다. 학교에 안 가면 큰일 나는 것으로 생각하는 부모님은 그동안 혜영의 행동을 다 눈감아 주었지만 이번에는 눈 하나 꿈쩍하지 않았고, 혜영도 '지구가 망하게 생겼는데 결석이 뭔 대수'냐며 쉽게 물러서지 않았다. 주인공이 이렇게까지 해야 하냐고 묻자 혜영은 '이렇게라도 하지 않으면 어른들이 귀를 기울이지 않기 때문'이라고 대꾸했다.

세계 각국은 2015년 파리기후변화협약을 맺고 지구 평균 기온 상승 폭을 1.5도 이내로 제한하기로 합의했다. 하지만 정부가 감축 목표를 잘 지키고 있지 않다는 것을 청소년들도 안다. 그래서 더 이상 미룰 수 없다고 생각한 청소년들이 전 세계에서 시위를 벌이고 있다.

2019년에는 전 세계 160여 개국에서 릴레이 시위가 진행되었고 우리나라도 2020년 '청소년 기후소송', 2022년 '아기 기후소송' 등을 통해 국가 온실가스 감축 목표가 불충분하다고 목소리를 내고 있다. 2024년 '907기후정의행진'에 모인 참가자들은 기후 위기가 이미 시민들의 삶을 위협하고 있는데도 오히려 기후 위기 대응에 역행하는 정부, 국회, 기업에 분노하며 "대통령은 왜 기후 위기에 대한 숙제를 안 하고 있나요?"라는 손팻말을 높이 들었다.

어른들이 '아직 괜찮다'라고 생각하는 동안, 정치인들이 '다음 사람에게' 넘기는 동안, 미래에 살아갈 청소년들이 할 일은 점점 더 많아진다. 기후 위기에 책임이 큰 선진국들이 회의와 선언만 하는 것을 보고 얼마나 답답했으면 청소년들이 나섰을까? 어른들의 선언은 언제 행동으로 바뀔까?

▨　아기도 청소년도 255명 기후소송…"온실가스 목표치 불충분", 한겨레신문, 2024년 4월 23일

기후 위기의 심각성을 모르고 '어제와 똑같은 오늘'을 살아가던 주인공은 언니가 참여하는 환경 시위에는 관심이 없지만 쓰레기가 지금, 나에게 닥친 일이라는 것은 실감하게 되었다. 학교 쓰레기를 수거해 가는 업체들이 쓰레기 수거를 멈추었고, 얼마 후에는 가정에서 나오는 쓰레기도 유엔 긴급법에 의해 '쓰레기세'를 내야 수거한다는 소식이 들렸기 때문이다.

실제로 2018년, 중국에서 플라스틱 폐기물 수입을 금지했을 때 중국에 쓰레기를 수출하던 나라들은 큰 혼란을 겪었다. 중국의 정책 변경으로 우리나라 아파트 쓰레기장에는 수거하지 않은 커다란 자루들이 흉측하게 쌓여갔다. 중국은 진즉에 이를 예고했었다. 다만 우리나라가 폐기물 처리 시설을 준비하지 않고 시설이 부족해지면 매립과 소각으로 해결하려 한 것이다. 하지만 상황은 여의찮았다. 급한 불을 끄기 위해 중국 대신 필리핀에 불법으로 쓰레기를 보냈다가 기사화■되어 되가져오는 망신을 당하기도 했다.

〈쓰레기 산〉에서는 쓰레기 문제를 각 가정이 책임지도록 했다. 엄청난 '쓰레기세'를 내지 않기 위해 주인공 가족

■ 필리핀의 '한국산' 쓰레기 5100톤, 중국 플라스틱 수입 금지 나비효과?, 경향신문, 2018년 11월 16일

은 매일, 매주 가족이 배출하는 쓰레기를 점검했다. 음식물 쓰레기는 조금이라도 줄일 수 있었지만 물건을 사면 딸려 오는 플라스틱과 비닐을 줄일 수 없어 과자, 라면 등은 소비를 포기하는 수밖에 없었다.

학교에서 쓰레기 이야기를 하던 아이들은 예주가 생리대 문제를 이야기하자 조용해진다. 먹는 것은 참을 수 있지만 생리대 쓰레기는 어떻게 줄일 것인가! 학생들은 생리대가 없던 옛날 사람들은 어떻게 살았을까 이야기하다가 면 생리대를 활용하자는 의견에 뜻을 모은다.

하지만 비싼 가격에 논의는 막히고, 주인공은 환경에 대해 잘 알고 있는 언니에게 도움을 청한다. 혜영이 이야기해 준 영국의 '기저귀 도서관'에서 아이디어를 얻은 주인공은 '생리대 도서관' 이야기를 친구들과 공유하고, 이들은 생리대 도서관을 만들기 위해 분주해진다. 예산 마련을 위해 모금 캠페인을 열고, 기후 위기의 심각성을 알리는 보드게임을 만들어 참가비를 받아 보태기도 했으며, 친척이 기부해 준 대나무 칫솔도 판매했다.

학생들이 모여서 의논하고, 준비하고, 활동하는 모습이 눈에 보이는 듯하다. 공부 말고 마음을 모아 이런 활동을 해본 적이 있을까? 예산을 마련한 후에는 학교 선생님들과 교육부 관계자들을 설득해 도서관 설치 공간을 만들어야 했고 담당 인력을 배치하는 일도 해야 했다. 처음에는 여학생들만 참여했지만 여학생의 남자 친구, 여학생의 남동생이 모이면서 남학생도 함께했다. 생리 문제를 환경 문제로 보고 남녀가 함께 해결해야 한다는 공감은 서로에 대한 존중으로 이어진다. 프로젝트를 진행하면서 미처 생각하지 못한 일이 계속 생겼지만 아이들은 다시 머리를 맞대고 해결책을 찾으면서 그동안 몰랐던 친구의 장점도 보고 새로운 친구도 사귀게 되었다.

주인공은 달라졌다. 자신은 그동안 무관심했지만 이미 환경 문제에 관심을 갖고 활동하는 어린이와 청소년이 많다는 것도 알게 되었다. 초등학생들의 쓰레기 줍깅, 고기 없는 화요일 프로젝트를 하는 학교에 대해 알게 된 후 주인공은 언니의 SNS에 들어가서 '아직 늦지 않았다. 작고 사소한 일부터 시작하면 된다'는 글에 좋아요 버튼을 눌렀다. 자매는 사람들이 조금씩 변하면 지구도 조금씩 나아질 거라고 믿으며 한마음이 되었다.

🍃 10대 소녀들, 강력한 기후 변화 전달자

세계적으로 유명한 그레타 툰베리에 대해 알기 전에 충격과 감동을 받았던 환경 연설이 있다. '세번 스즈키'라는 캐나다 소녀의 영상이다. 그는 1992년에 열린 리우 회의에서 "어른들은 저희에게 하지 말라고 가르치는 것들을 왜 하냐?"라는 연설을 한 뒤 '6분 동안 세계를 침묵시킨 소녀'로 알려졌다.

우연일 수도 있지만 내가 본 책이나 뉴스에는 10대 소녀들의 모습이 많았다. 독일의 루이사 노이바우어, 우간다의

버네사 나카테▦, 우리나라의 '청소년기후행동'을 대표해서 기후 소송을 한 여학생들, 전국에 있는 쓰레기 산을 알리는 지도와 뮤직비디오를 만든 환경 인플루언서 홍다경까지.

사회과학자 리베카 헌틀리▦는 10대 소녀들이 영향력 있는 기후 운동가가 된 것은 정서적 유대감과 설득력 있는 대화를 잘하기 때문이라고 말한다. 그의 저서에 따르면 노스캐롤라이나주립대학교 대니얼 로슨 연구진이 어린이와 청소년이 기후 변화 문제에 얼마나 영향을 미칠 수 있는지 교육적 개입을 한 결과 기후 변화 메시지에 저항하던 사람들에게 큰 변화를 일으켰다고 한다.

부모님과 대화하는 데 더 익숙한 딸이 아들보다 부모님을 설득하는 데 효과적이고, 특히 남성 또는 보수 성향의 부모는 이 실험 후 기후 변화에 대한 우려 수준이 큰 증가세를 보였다고 한다.

환경 운동에 성별 구분이 있을 순 없지만 친화력과 SNS를 활용한 여학생들의 환경 활동은 연대를 이루는 데 큰 힘이 될 수 있다. 예를 들어 청소년들이 '생태용량 초과의 날'에 대해 알게 된 후 부모님께 "우리가 지금 얼마나 지구에

▦　　박재용, 《지구를 선택한 사람들》, 다른
▦　　리베카 헌틀리, 《기후변화, 이제는 감정적으로 이야기할 때》, 양철북

빚을 지고 있는지 아세요?"라고 질문을 던지면 당연히 귀를 기울이지 않을까? 2024년 지구 생태 용량 초과의 날은 8월 1일이었다. 지구의 생태 용량, 즉 생태 자원을 재생하는 능력이 1년 중 8월 1일까지만 있으니 8월 2일부터는 내일 써야 하는 자원을 당겨 쓰는 셈이다. 지금처럼 오늘만 생각하고 살다 보면 청소년들에게 물려줄 세상은 더러운 물, 더러운 공기, 더러운 땅밖에 남은 것이 없음을 명심해야 한다.

앞서 언급한 홍다경의 《쓰레기 산에서 춤을》이라는 책에 따르면 그녀가 환경 운동을 시작한 것은 거창한 것이 아니었다. 초등학생 때 텔레비전 공익 광고에서 본 북극곰, 학교에서 본 아마존 열대 우림 영상으로 환경에 관심이 생겼고, 고등학교 2학년 때 급식실에서 버려지는 스마일 감자를 보고 잔반 처리에 대해 교장 선생님께 대안을 말한 것이 환경 활동을 시작하게 했다고 한다. 그 후로 관심이 가는 것을 '그냥' 하다 보니 환경 동아리도 이끌고 있고 비영리 단체 활동도 하게 되었다고.

그레타 툰베리가 시작한 1인 시위가 세계 곳곳으로 퍼지게 된 것은 '나 하나 한다고'가 아니라 '나라도'라는 순수한 열정이 있었기 때문이다. 청소년들은 죄책감을 갖거나 포기하는 것이 아니라 친구들과 즐겁고 행복한 활동으로 환경 문제를 바라본다. 〈쓰레기 산〉 주인공과 친구들도 두려움에 떠밀려 억지로 하는 것이 아니라 힘들지만 즐겁고 보람된 시간을 함께 보내며 문제를 해결해 나갔다.

뉴스를 보다가 세상에 왜 이렇게 나쁜 사람이 많냐고 화를 낼 때면 어머니가 늘 "우리가 잘 몰라서 그렇지 착한 사람이 더 많다."라고 말씀하시곤 했다. 그러고 보니 쓰레기장 앞에서 결혼사진을 찍어 쓰레기 문제를 알린 대만의 신혼부부도 있고, 숲을 살리기 위해 노력한 스웨덴과 독일의 10대들 이야기▓도 있다. 바다에 가득한 쓰레기를 보고 비영리 기업 '오션 클린업'을 세운 청년도 있고, 바닷가로 여행을 가서 산책길에 쓰레기를 줍는 가족도 있다.

이들 모두가 옆에 있는 사람들에게 "너도 해 봐!"하고 활짝 웃으며 권하는 것 같다.

▓ 공주영,《살아남은 세 개의 숲 이야기》, 주니어태학

사고를 확장하는 토론·논술 활동

1 우리 가족이 배출하는 쓰레기를 점검해 봅시다. 쓰레기가 가장 많은 것은 어떤 종류인가요? 또 줄일 수 있는 쓰레기는 어떤 것인지 알아봅시다.

2 쓰레기 한 가지를 골라서 어떻게 만들이지고, 사용되고, 폐기되거나 재활용이 되는지 '쓰레기의 일생'에 대해 알아보고 발표해 봅시다.

3 〈쓰레기 산〉에서 정부는 환경을 지키기 위해 '고깃세'와 '쓰레기세'를 걷습니다. 독일에는 '빗물세'가 있고, 축산업이 발달한 나라는 '소방귀세'를 내기도 합니다. 환경 문제 해결을 위해 '환경세'를 늘리는 것에 대해 어떻게 생각하는지 토론해 봅시다.

☐ 환경세를 늘리는 것에 동의한다.
☐ 환경세를 늘리는 것에 동의하지 않는다.

4　혜영은 '기후 위기를 위한 결석 시위'에 참여하는 문제로 부모님과 의견이 대립합니다. 결석 시위 방식에 동의하는지 동의하지 않는지 토론해 봅시다.

　　□ 동의한다.　　　　　　　□ 동의하지 않는다.

5　2022년 11월 24일, 환경부는 일회용품 사용 금지 규제를 확대 시행하겠다고 했으나 2023년 11월 7일, 일회용품 규제를 완화 및 유예했습니다. 그러나 전국 지방자치단체들은 다양한 친환경 정책을 내놓고 있습니다. 정부와 지방자치단체 간 정책 충돌에 대해 시민들은 어떤 목소리를 내는 것이 바람직한지 논술해 봅시다.

장례식장과 청사 안 일회용품 사용을 금지하는 등 전국 지방자치단체들이 기후 위기 극복을 위해 다양한 친환경 정책을 잇달아 내놓고 있다. 환경부가 최근 음식점 일회용기 사용금지 방침을 철회한 것과 뚜렷이 대비된다. 경기도는 지난달 13일 '배달 음식 일회용기 퇴출'을 결정했다. 배달 음식을 주문할 때 다회용기 포장을 요청하고, 식사 후에는 청사 안에 설치된 수거함에 용기를 반납하고 있다. 경기도는 지난해 12월 '일회용 플라스틱 제로'를 선포한 뒤 일회용품 줄이기 정책을 꾸준히 추진해 왔다.

(출처: "정부는 거꾸로 가도…지자체는 일회용품과 작별한다", 한겨레신문, 2023년 12월 20일)

3부

지속 가능한

사회로 가는 길

동물 사랑과 고기 사랑은
한 끗 차이

친구가 여행을 가면서 3개월 정도 개를 맡긴 적이 있다. 가족 모두 개를 좋아하고 예뻐하는 마음에 헤어질 때는 눈물을 흘리며 아쉬워했다. 요즘은 개를 반려동물로 생각하지만 우리나라에는 아직도 개를 먹는 문화가 있다. 개를 가족으로 생각하는 사람들은 이를 끔찍하고 잔인하다고 생각한다. 그런데 개를 사랑하는 마음이 다른 동물로까지 확장되는 건 힘들어 보인다. 개를 먹는 건 안 된다고 하면서도 소, 돼지, 닭을 먹는 건 개의치 않는 걸 보면. 오히려 치킨을 시켜 먹거나 삼겹살과 스테이크를 먹으면서 행복해하는 모습을 자주 목격할 수 있다.

지인 중 채식주의자가 있다. 그와 밥을 같이 먹으려면 비건 식당을 찾아야 한다. 지금은 비건 식당이 많지만 예전에는 그리 많지 않아 두부 요리하는 곳을 겨우 찾았다. 음식을 주문하는데 지인이 "김치에 젓갈이 들어갔나요?" 하고 물어보는 모습을 보면서 놀랐다. 김치에는 당연히 젓갈이 들어가는 것이고 젓갈까지 먹지 않는 모습에 '조금 심하지 않나?'라는 생각이 들었다.

그 당시에는 '조금 까다로운 분이구나'라고 생각했지만 지금 생각해 보면 그분은 찐 채식주의자였다. 우리가 식당을 찾기 힘들어할까 봐 도시락을 싸 와 함께 밥을 먹기도 하고 우리가 불편해할까 봐 조용히 회식 자리에서 빠지기도 했다. 그리고 젓갈을 넣지 않은 김치를 먹어보라고 권해 주기도 했다. 지금은 비건 식당도 많고 식당에서 "이런 것은 안 먹으니 빼주세요"라고 말하기가 쉬워졌지만 불과 몇 년 전만 해도 그런 일이 쉽지 않았다. 이제야 채식주의를 몸소 실천하는 그분의 마음을 이해할 수 있게 되었다.

레오나르도 다빈치는 "어릴 때부터 고기를 먹지 않았다. 언젠가 동물을 죽이는 모습을 곧 자기 주변 사람들이 죽어가는 모습 바라보듯할 날이 올 것"이라고 했다. 동물도 사랑하고 고기도 사랑하는 우리의 이중적인 모습은 어디에 잣대를 대고 하는 행동일까?

《노파람이 아르바이트를 그만 둔 날》 허희진 지음

== *the book's summary* ==

파람은 어렵지 않고 수입이 짭짤한 아르바이트라는 말을 듣고 명함에 적힌 'heaven'이라는 곳을 찾아간다. 사랑하는 개가 죽은 상실감에 개의 이름을 따서 가게 이름을 정했다고 실장은 말한다.

파람은 자기가 일할 곳이 어떤 곳인지 아무 정보도 없이 일하기로 한다. 두 달 정도 일하면 대학 등록금 정도는 거뜬히 벌 수 있을 것 같다. 잘하면 그보다 많이 받을 수도 있는 곳이다.

외진 강변의 회흑색 건물을 보면서 파람은 열차를 잘못 탄 것 같다는 의심이 든다. 열차 속도가 붙기 전에 바로 뛰어내렸어야 했는데…. 파람은 다음 역에서 내려도 늦지 않을 거라고 생각하면서 이 일을 하기로 한다.

이 식당에 모이는 사람들은 한평생 믿기 어려울 정도로 많은 경력을 쌓아온 사람들이다. 사법 고시를 패스하고 변호사, 교수로 활동하다가 국회의원까지 연임했고 미식 견문록도 여러 권 내고 요리 경연 프로그램의 심사위원에 위촉되기도 한 황호영. 취미조차 허투루 하지 않는 그는 무슨 일을 하든 마음만 먹으면 성공 가도를 달리는 사람이다. 혜성처럼 등장한 유명 테니스 선수도 있고, 최고의 흥행 배우 류영과 사진작가 남편 원하나, 열일곱 살의 탠저린 영과 같은 가족도 있다. 이들은 〈영원 커플〉이라는 예능 프로그램에 출연하면서 각자의 영역에서 서로에게 힘이 되어 주고 있지만 누구 한 명이라도 말썽에 휘말린다면 세 사람 모두에게 치명타가 될 수 있는, 겉과 속이 다른 채로 살아가는 가족이다. 그 외에 성악가, 발레리노, 역대 최고 당첨금을 수령한 복권 당첨자, 게임 개발자들이 이 식당에 모였다.

정부가 배양육을 적극 권하던 시절, 엄마가 큰맘 먹고 비싼 금지육을 파람에게 먹였는데 온몸에 두드러기가 오르고 아파서 울어대는 바람에 응급실에 가고 신문에도 났던 일이 있었다. 그 후 파람은 '금지육'을 먹으면 온몸이 반응하고 열도 올랐다. 하지만 심각한 건 아니다. 몇 시간 뒤면 저절로 가라앉는다.

식당에 모인 사람들이 먹고 싶은 고기는 '금지육'으로 '환경 파괴 도축육'이다. 그들은 금지육이 맞는지 확인하기 위해서 파람이 필요했고, 파람은 그들이 먹을 음식을 먼저 맛보는 아르바이트를 하는 것이다. 그들은 파람의 몸에 나타나는 변화를 감지한 후에 식사를 시작한다.

환경 단체들은 금지육이 환경 파괴와 동물권 침해라며 공장식 축산에 적극적으로 반대했다. 금지 조치에 불만을 품은 사람들은 기존의 고기를 '금지육'이라고 부르게 되었고 이 땅에서 '금지육'은 사라지고 '배양육'으로 대체되었다.

파람과 탠저린은 식당에 모여 '금지육'을 몰래 먹는 사람들이 이상하다. 그래서 식당을 문 닫게 하자고 탠저린과 함께 일을 벌이지만 성공하지 못한다. 파람은 다들 내키지 않아도 적당히 눈감고 사는 게 맞는 것인지 생각하면서 머릿속이 복잡해진다.

🍃 타자의 고통은 나의 기쁨

파람의 오프닝 쇼와 함께 시작된 식사를 하면서 사람들은 '훌륭하다', '어릴 적 집에서 먹던 고기가 생각난다', '살아있는 맛이다'라며 칭찬을 아끼지 않는다. '죽기 전에 추억의 맛을 볼 수 있어서 다행이다', '죽은 처가 먹고 싶어 했는데 소원을 들어주지 못한 것 같다'며 토로하는 사람도 있다. 동물 복지 인증 받은 목장도 많았는데 이제는 다 사라져 버린 것도 아쉬워했다. 그들은 고기 한 점을 먹으면서 각자의 욕망을 채웠다. 파람이 금지육 부작용으로 열이 오르고 힘들어하는 모습을 보고 사람들이 금지육이 확실하다며 안심하고 고기를 먹는 모습이 괴기스럽기까지 하다.

파람은 자신의 약점을 노동력으로 환산해서 돈을 받는 것 같아 마음이 불편하지만 현실은 녹록지 못하다. 파람이 나가지 못할 것을 아는 듯한 사장의 모습에 파람은 더욱 화가 났다.

요즘 유튜브에 '먹방'이라 불리는 방송이 인기다. 다른 사람이 음식을 먹는 모습을 보고 즐거움과 만족을 찾는 모습이 나는 도통 이해가 안 되지만, 대중의 욕구에 부합하는 콘텐츠이기 때문인지 끊임없이 생산되고 있다. 산낙지를 외국인에게 먹어보라고 권하고 그들이 징그러워하는 모습을 보이면 보란 듯이 먹는 모습을 보여주는데 자극만 있고 유희는 없다.

〈나의 문어 선생님〉이라는 다큐가 있다. 이를 보면 문어를 식재료만으로 봐서는 안 될 동물이라는 생각이 든다. 사람과 교감을 하고 필요에 따라 위장도 하는 걸 보니 분명 지능이 있어 보였다. 주인공이 만나러 오면 반가워하고 그의 손 위에 올라가기도 했다. 문어는 돌고래와 비슷한 70~80 정도의 지능지수를 갖고 있다고 한다. 그런 문어를 살아있는 상태로 먹거나 뜨거운 물에 담가 고통을 주며 먹는 걸 어떻게 생각해야 할까?

그런가 하면 많은 음식을 앞에 놓고 계속 먹는 모습을 보여주는 유튜버들도 있다. 누군가는 먹을 음식이 없어 생존을 위협받고 있는데 누군가는 넘쳐나는 음식을 놓고 계속 먹는 모습이 나는 불편했다.

굳이 모든 생물을 먹거리로 전시하고 즐거워 하는 것은 인간만이 하고 있는 이기적인 행동이 아닌가. 도대체 어디까지 먹어 없애려는 걸까. 땅과 바다에서 사는 생물들은 오늘도 인간의 입을 즐겁게 하기 위한 명목으로 죽어가고 있다.

👆 인간이 지구와 비인간 동물에게 가하는 폭력

지금 우리가 즐겨 먹는 고기는 공장식 축산으로 키운 고기다. 공장식 축산의 문제는 경작지를 마련하기 위해 나무를 베고 숲을 훼손하는 것, 가축의 분뇨를 강과 바다로 보내 물을 오염시키고 온실가스를 배출해 지구 온난화를 가속시키는 것 등 심각하다. 이러한 축산으로 인한 온실가스 배출량은 전체 배출량의 14~18퍼센트로 전 세계 모든 운송 수단이 배출하는 온실가스 배출량과 비슷한 수준이고, 소와 같은 반추동물이▒ 발생시키는 메탄가스는 전체 메탄 배출의 25퍼센트를 차지한다고 알려져 있다.

전 세계 곡물 생산량의 3분의 1이 가축의 먹이로 사용되는 것도 큰 문제다. 고기를 생산하는 데 같은 양의 곡물을 생산하는 것보다 훨씬 더 큰 비용이 들어가고 있다. 소고기 1킬로그램을 생산하는데 곡물 9킬로그램이 필요하고, 물은 곡물 단백질 1킬로그램 생산할 때 쓰이는 물의 15배가 필요하다. 국제식량정책연구소에서는 선진국들이 육류 소비를 50퍼센트 줄인다면 개발 도상국에서 굶주리며 살아가는

▨　소화 과정에서 한번 삼킨 먹이를 되새김질해서 다시 먹는 특성을 가진 동물 (출처: 한국 가스안전공사, https://blog.naver.com/kgs_safety/222828510333)

360만 명의 어린이를 구제할 수 있을 거라 밝혔다.

또한 2011년 생산한 항생제의 80퍼센트가 가축에 쓰여 고기를 섭취할 때 잔류 호르몬과 잔류 항생제를 먹을 위험성도 생겼다. 이뿐인가. 또한 사육장에서 발생한 바이러스는 인간의 건강에 위협이 되고 있다. 2011년 이후 돼지 구제역, 조류 인플루엔자 등 가축 전염병으로 살처분한 가축의 수는 7,500만 마리에 이른다. 인류 역사를 통틀어 전쟁 사망자는 6억 1,900만 명이다. 인간은 3일마다 그만큼의 동물을 죽이고 있는 것이다.▓

이처럼 공장식 축산은 자연과 인간에게 문제가 많지만 무엇보다 동물에게 고통을 주고 있다는 점에서도 바라봐야 한다. 공장식으로 키운 동물들은 감금 틀 안에서 갖가지 시술에 시달리며 열악한 삶을 살다가 고통스러운 죽음을 맞이한다. 서로 다른 존재라고 해서 일방적으로 폭력적인 처지로 내몰고 있는 생명체는 인간이 유일하다.

우리는 동물을 단지 달걀을 낳거나 우유나 고기를 얻기 위한 도구로만 봐서는 안 된다. 편하게 키우기 위해 돼지의 꼬리를 자르거나 닭의 부리를 자르는 것 또한 너무 인간 중심적인 만행이다.

▓   보선,《나의 비거니즘 만화》, 푸른숲

우리는 혹시 돼지와 잘 포장된 삼겹살을 따로 생각하고 있는 것은 아닌가? 깨끗하게 포장되기 전 돼지의 삶은 좁고 더러운 우리 안에서 새끼를 낳아보지도 못하고 살다가 1년 안에 죽는다. (부연하자면 돼지의 수명은 15년이다.) 그렇지만 강아지는 어떤가? 집 안에서 귀여움과 사랑을 받는 모습이 떠오르지 않는가? 인간의 차별적인 시선과 결정에 따라 어떤 동물은 고통을 받다 죽어가고 어떤 동물은 사랑을 받으며 죽어간다.

대체육과 배양육

파람과 탠저린이 금지육을 파는 이 식당을 고발하려고 할 때 실장은 세상의 육식주의자들이 배양육을 먹는 날이 오는 게 자신의 꿈이며, 지금까지는 사업에 앞서 잠깐 선보인 쇼라고, 해븐의 배양육을 구입하는 순간 여러분은 자동으로 무해한 육식 지구 만들기 프로젝트에 참여하는 것이라고 이야기한다. 파람은 그 말을 듣고 이젠 이 열차에서 뛰어내려야 한다고 생각했다.

배양육이란 동물을 도축해 얻는 고기가 아닌 실험실 같은 공간에서 동물의 세포를 배양해 만든 고기이다. 외부 환

경의 영향을 받지 않고 계획된 물량을 지속해서 생산할 수 있어 전 세계적으로 부족한 육류 공급량을 획기적으로 늘릴 수 있는 것으로 기대되고 있다. 대체육인 식물성 고기와 달리 실제 동물 세포를 배양했기 때문에 실제 고기와 맛의 차이도 거의 느껴지지 않는다. 다만 실험실에서 인공적으로 만들어지므로 GMO 식품처럼 인간에게 안전한지에 대한 문제가 제기되고 있다. 하지만 배양육은 2040년 전 세계 육류 소비량의 35퍼센트를 차지할 것으로 전망된다.※

한국 식약처도 배양육을 미래 식품 원료로 인정하기 위

※ "풀무원, 세포 배양육 분야 전략적 투자", 한국영농신문, 2023년 2월 13일

한 제도화에 착수하고 있고, 싱가포르에서는 배양육을 식품으로 인정하고 있다. 스테이크는 아직 불가능하지만 치킨너깃이나 햄버거 패티는 가능해서 한 접시에 2만 5,000원 정도에 팔리고 있다. 상용화되면 가격은 더 떨어질 것이고 곧 《노파람이 아르바이트를 그만둔 날》처럼 홈쇼핑에서 판매하는 날이 올지도 모르겠다. 배양육이 대중화되면 목축업으로 인한 환경 오염도 줄일 수 있을 것으로 본다. 목초지가 필요 없고 실험실만 있으면 되니까. 나무를 잘랐던 곳에 나무를 다시 심는다면 그동안 고기를 생산하기 위해 망가졌던 토지를 숲으로 복원할 수 있을 것이다. 축산업의 종식으로 지구의 야생 동물과 식물의 복원은 물론 지구가 다시 예전처럼 돌아올 수도 있다.

사람의 책임과 의무

헨리 데이비드 소로는 "인간이 조금씩 완벽해지고 있으므로 언젠가 육식을 중단하는 것이 인간의 예정된 운명이라는 사실에는 의심할 여지가 없다."고 했다. 지구 환경을 위한 행동을 이야기하면서 육식을 포기하라고 하면 부정적인 생각이 앞선다. 채식주의를 이해하지 못하고 생각지도 못했던 점을 자책하기보다 지금이라도 조금씩 걸음을 떼보면 어떨까? 시간이 걸리더라도 꾸준한 변화를 시도하는 게 중요하다. 내가 지금 할 수 있는 만큼만 실천해 보자. 고기를 먹지 않을 수 있으면 좋겠지만 먹어야 한다면 정부가 인정한 동물 복지 축산을 먹거나 먹는 양 또는 횟수를 줄여도 좋다. 일주일에 하루 또는 한 달에 하루 '고기 먹지 않는 날'부터 시작해도 괜찮다. 실천하다가 잠시 고기를 먹을 수도 있다. 고기를 먹었다고 "이젠 망했어."라고 포기하지 말고 다시 시작하면 된다. 꾸준히 할 수 있으면 더 좋겠지만 무엇보다 즐겁게 참여했으면 좋겠다. 고기를 대체할 수 있는 식품을 친구들과 함께 알아보면 주변에 채식으로 만든 만두, 토르티야, 햄버거가 보일 것이다.

비건과 완전 채식은 동의어가 아니다. 비거니즘은 방향성이기에 실천 방식은 무척 넓고 다양하다. 비거니즘의 목표는 동물 착취와 도살을 거부하는 것으로 이는 인간이 살기 위한 방법이기도 하다.▓ 예전에는 채소와 과일을 골고루 섭취하라고 했고, 성장기에 육류 섭취는 꼭 필요하다고 여겼다. 그러다가 붉은 고기의 섭취를 줄이는 것으로 바뀌고, 고기 섭취와 유제품은 이젠 의무 사항이 아니라 선택 사항

▓   마르텡 파주, 《왜 고기를 안 먹기로 한 거야?》, 황소걸음

이 되었다. 학생 모두가 하던 학교 우유 급식도 선택 사항이 되면서 과일 급식이 추가되었다. 이처럼 푸드 피라미드가 점차 바뀌고 있다. 비건은 자기가 결정할 일이기도 하지만 적어도 아무것도 안 할 순 없다는 선택이다. 내가 뭘 먹는지가 환경에 엄연한 여파를 끼치므로 모두에게 책임이 있지만 결국 타인이 강제할 수 없는 자신의 선택이다.

어릴 적 간식은 고구마, 감자, 옥수수, 엄마가 만들어준 술빵 정도였다. 과일도 제철 과일이었다. 5월에는 딸기, 여름에는 수박과 참외, 가을에는 홍옥과 배, 감 그리고 겨울에는 귤 정도였다. 밥상의 찬도 나물과 김에 김치가 전부였다. 그러다가 어느 날 저녁에 생선구이가 나오면 할아버지와 아버지의 눈치를 보면서 먹어야 했다. 그때 고기, 생선, 계란, 우유의 섭취량은 현재의 5~10퍼센트 수준이었다.

지금 생각해 보면 그때 그 음식이 비건식이었고 지금 우리가 먹어야 할 건강식이다. 요즘의 음식들은 비인간 동물을 무차별적으로 착취해 얻은 부산물이다. 비인간 동물이 좀 더 행복하게 생존할 수 있는 방법을 고민하고 노력하는 과정에서 인간 동물도 행복하게 지구에서 존재하는 길을 찾아갈 수 있을 것이다.

이라영 외 9인, 《비거닝》, 동녘

사고를 확장하는 토론·논술 활동

1 다음은 도축된 동물들의 수입니다. 이렇게 많은 동물이 도축되고 있는 현실에 대해 어떤 생각이 드나요?

> 2019년 대한민국에서 도축된 닭의 수는 대략 9억 5,000만 마리였다. 소는 77만 마리, 돼지는 1,770만 마리가 넘었다. 다시 말해 2018년 통계를 기준으로 소는 서울시 송파구에 사는 사람들 수(약 67만 명)보다 많이 사라졌고 돼지는 서울, 부산, 대구, 인천을 합한 인구수(약 1,850만 명)만큼 도축되었다.
>
> -《지구가 너무도 사나운 날에는》중에서

2 인간의 먹을거리는 지구 생물 중 가장 다양합니다. 지능이 돌고래와 비슷한 문어를 끓는 물에 서서히 데쳐 먹는다든지 개고기나 푸아그라 등을 먹는 것을 보면서 먹을거리에 대한 선택권을 어디까지 허용해야 한다고 생각하는지 이야기를 나누어 봅시다.

3   배양육 개발에 대해 찬반으로 나누어 토론해 봅시다.

닭의 깃털에 붙은 근육 세포 또는 가축의 몸에서 약간의 근육 세포를 채취한다. 이렇게 얻은 근육 세포 중 줄기세포만 골라내어 증식한다. 세포가 순식간에 불어나기 시작한다. 세포 하나가 분열을 하면서 한 달이면 10억 개 이상 증가한다. 이 양을 고기로 환산하면 3톤 정도가 된다. 3톤이면 소 10마리를 도축한 분량이다.

4   금지육을 먹기 위해 해븐에 모인 사람들은 사회적 비난을 감수하고 식욕을 채우기 위해 왔습니다. 이처럼 식욕은 사람에게 중요한 욕구입니다. 이러한 욕구를 만족하기 위해 유튜브 먹방 콘텐츠에 관심을 갖는 사람들의 심리에 대해 자신의 생각을 논술해 봅시다.

소위 먹방이라 불리는 음식을 먹는 방송은 대중의 욕구에 아주 적절히 부합하는 콘텐츠이다. 음식은 생존의 수단을 넘어 유희를 위한 도구가 되었다. 마찬가지로 식재료 취급을 받던 수많은 동물 역시 인간의 오락거리로 전락했다. 대중의 관심을 붙들어 놓으려면 새롭고 자극적인 콘텐츠가 계속 필요했고 누군가는 이를 위해 동물의 고통을 전시하기에 이르렀다. 인류가 역사상 유례없는 풍요의 시대를 누리는 지금 식재료로 이름 붙은 생명들은 끝이 보이지 않는 수난의 터널 속에 갇혀 버렸다.

- 《불완전 채식주의》 중에

패스트 푸드가 아니라
패스트 패션

　예전에 옷을 사려면 양복점이나 양장점, 한복점같이 한 벌씩 손으로 만들어 파는 곳을 이용해야 했다. 많은 시간과 노력이 필요한 만큼 대중적이지는 못했다. 옷 자체가 귀했기 때문에 새 옷은 특별한 날만 허용이 되었다. 아이들에게 새 옷은 명절 때나 입을 수 있는 것이고 보통 때는 엄마가 실로 짠 조끼나 망토, 덧신을 신곤 했다.

　요즘 아이들에게 명절에 새 옷을 사준다고 하면 촌스럽다고 할지도 모르겠다. 기성복이 나오면서 더 빨리 더 저렴하게 옷을 구입할 수 있는 시대가 되었으니 말이다. 생산량이 많아지면서 옷을 팔 상점이 필요했고 패션쇼가 등장해 대중에게 '유행'시켰다. 이에 발맞추느라 의류업종 관련자들은 끊임없이 옷을 만든다.

《지구를 살리는 옷장》
박진영, 신하나 지음

== the book's summary ==

저자 신하나는 마장동 정육점 거리에서 배불리 고기를 먹은 후 돌아오는 길에 줄줄이 늘어선 가게마다 걸린 고깃덩어리를 보고 뭔가 불편함을 느낀다. 그즈음 유튜브에서 미국의 동물권 활동가인 게리 유로프스키의 비거니즘 강연 영상을 보게 되고 '동물을 먹고 입는 것은 무엇인가'라는 물음을 갖게 된다. 그는 자신의 삶을 돌아보고 고기를 끊기로 한다. 하지만 고기만 끊는다고 비건이 되는 것이 아니란 것을 알게 되었고 먹는 것을 바꾸는 것보다 옷과 가방을 바꾸기가 더 어렵다는 사실을 알게 된다.

같은 의류 회사의 동료 진영도 하나와 같은 생각을 갖고 있다. 그 역시 비건이 되기 위해서는 식생활만 개선해서는 안 된다고 생각한다. 둘은 친환경 소재의 옷을 만들어 크라우드 펀딩 플랫폼을 하기로 했다. 옷과 신발의 재료로 쓰이는 동물성 소재의 심각성과 의류 쓰레기 문제를 알리고 지속 가능한 삶을 위해 우리가 할 수 있는 방법을 찾아가는 것이 중요하다고 생각했기 때문이다.

거대해진 패션 산업에 가려진 노동 시장의 취약한 점과 착한 가격의 함정은 누구를 힘들고 고통에 빠지게 하는지, 우리가 물건과의 관계를 어떻게 맺고 살아야 하는지 다시 한번 생각해 보고 동물을 입는 것은 과연 윤리적으로 옳은지, 옷과 환경을 살리는 올바른 소비 생활을 하기 위해 실천할 수 있는 방법에 관해 이야기한다.

평등한 소비 뒤에 가려진 불평등한 임금

20세기 중반 이후 세계화는 의류 산업에 변화를 가져왔다. 노동력이 싼 나라에서 생산한 옷을 잘사는 나라에서 소비하게 된 것이다.

산업혁명 이후 노동 집약 산업을 의류가 차지하게 되면서 옷을 가장 많이 소비하는 나라■는 인구가 많은 나라와 추운 나라였다. 그런데 이제는 계절에 따라 유행이 변하는 것도 모자라 사업자들은 한 달, 일주일 단위로 새 디자인의 옷을 만들고 코스트코, 트레이더스와 같은 대형 마켓에서 옷을 팔고 있다.

오늘날 세계적인 의류 기업들은 자체적으로 디자인한 제품을 OEM 방식■으로 만들어 자체 브랜드 매장에 진열하여 판매한다. 생산은 개발 도상국에서 하고 옷은 생산지와 상관없이 소비하게 된 것이다. 그 옷을 생산한 사람은 정작 그 옷을 입고 즐기는지 알 길이 없다.

■ 1인당 옷 구입비가 가장 높은 나라는 스위스, 미국, 네덜란드, 노르웨이 등이다.

■ OEM(Original Equipment Manufacturing) 방식은 브랜드를 소유한 갑이 공장을 소유한 을에게 갑이 요구하는 제품을 만들어 납품하도록 한 방식이다.

SPA█는 패스트 패션으로 불리기 시작한다. 비교적 저렴한 가격대의 옷을 유행에 맞추어 빨리빨리 선보이는 옷으로 한 번 입고 폐기해도 괜찮은 저품질의 옷을 가리키는 용어이다. 자라의 창업자 오르테가는 디자이너 머릿속에 있는 옷을 만드는 데 딱 2주면 된다고 했다.

하지만 요즘은 더 빨라져서 울트라 패스트 패션, 리얼타임 패션이 등장했다. 디자인에서 생산, 제작, 유통까지 5일이면 된다. 매주 5,000종 이상을 출시하고 하루에만 6,000종을 만든다. 리드타임█을 줄이기 위해 노동자들은 쉴 틈 없이 일하고 배수와 폐기물은 계속 쌓여간다.

경제학자들은 SPA가 첨단 유행을 싼 가격에 누릴 수 있는 소비자 만족을 위한 경제 활동이라 하고, 자본가들은 소비가 미덕이라며 소비를 늘려야 경제가 발전한다고 한다. 가난한 나라의 대통령은 "옷을 많이 사주세요!"라고 외친다. 그래야 국가 경제가 성장한다고 말이다.

사람들의 소비 욕구를 충족시키며 세계적으로 크게 성장한 패스트 패션은 얼핏 보면 최신 유행을 저렴한 가격에

█ 어원 자체는 1986년 미국의 의류 브랜드 GAP이 도입한 것으로 'Specialty retailer(전문점)', 'Private label(유통업자상표)', 'Apparel(의류)'의 첫 글자를 조합한 명칭이다. 단어 자체로 해석해 본다면 '자체 개발 의류를 판매하는 소매점'이라는 뜻이다.
█ 디자인에서 판매까지 걸리는 시간

누릴 수 있는 소비의 평등한 기회로 보일 수 있지만 그 속에는 공정하지 못한 임금으로 일하는 노동자의 삶이 있다. 이러한 경제 활동과 성장이 실제로 누구에게 이익을 주는지 고민해 볼 필요가 있다.

🍪 착한가격 속 함정

새로 나온 스마트폰 광고를 보는 순간 갑자기 자신이 가지고 있는 게 헌것처럼 느껴진다. 회사는 새로운 스마트폰을 가지지 못한 소비자를 유행에 뒤떨어진 사람으로 만든다. '○○년식 모델', '○○년 신제품'이라며 소비자를 계속 자극한다. 이러한 심리 마케팅은 쓰레기를 양산한다. 의류도 이러한 과정을 거치면서 사회 문제와 환경 오염의 주범이 되고 있다.

2011년 8월 H&M 제품을 생산하는 캄보디아 공장에서 수백 명의 노동자가 쓰러지는 일이 발생했다. 턱없이 부족한 임금과 열악한 작업 환경으로 건강이 악화되면서 목숨을 잃은 것이다. 이후 이를 뛰어넘는 사건이 방글라데시의 라나플라자라는 8층짜리 건물에서 일어났다.

원래 4층이던 이 건물에 더 많은 의류 공장을 입점시켜 돈을 벌려고 4개 층을 불법 증축했던 것이 원인이었다. 라나플라자에는 세계적인 의류 브랜드인 베네통, 프라다, 구찌, 베르사체 등 여러 회사에 의류를 납품하는 공장들이 있었고 5,000명 가까운 직원들이 빼곡히 앉아 옷을 만들고 있었다. 건물의 균열이 발견되었지만 직원들은 급여를 받기 위해 위험을 감수하면서 출근해야 했다. 2013년 4월 24일 오전 8시 57분경 라나플라자는 결국 무너져 내렸다. 이 사고로 1,134명이 사망했고 약 2,500명이 다쳤다. 하루 3,000원도 안 되는 돈을 벌기 위해 일하다가 한순간에 목숨을 잃고 말았다. 그해 방글라데시에 제조 회사를 둔 패스트 패션 브랜드는 역대 최고 이익을 기록했다.

저렴한 가격의 옷값에는 저렴한 인건비가 있다는 사실을 우리는 잊어서는 안 된다. 저가 의류는 제대로 된 임금가 처우없이 만들어지는 것도 문제지만 싸다고 마구 소비하게 되면서 지구의 골칫거리 쓰레기가 되고 있다는 문제도 있다. 패스트 패션으로 만들어진 옷은 50퍼센트가 매립되거나 소각되는데, 이 과정에서 심각한 환경 오염이 발생하고 있다.

세계 중고 의류 수출국 대한민국

옷장에 쌓여있는 옷을 보고도 우리는 입을 옷이 없다면서 옷을 산다. 매년 생산되는 옷은 1,000억 개이고 버려지는 옷은 매년 330억 개. 미국에서는 매년 1인당 약 70개의 옷과 신발을 버린다고 한다. 미국의 의류 폐기물 발생량은 20년 만에 두 배가 증가했다. 1초에 트럭 한 대 분량의 옷이 버려진다. 그렇다면 이 옷들은 모두 어디로 가는 것일까?

헌 옷이 재활용될 것이라는 생각은 우리의 허상이다. 우리가 의류 보관함에 버리는 옷 중 5퍼센트만 중고 의류로 활용되고 나머지 95퍼센트는 포대에 무작위로 넣어 아프리카나 동남아시아의 저개발국으로 수출된다. 하지만 복불복이다. 팔 수 있는 옷도 있지만 그렇지 못한 옷도 40퍼센트나 된다. 이 옷들은 매립지에 버려져 산처럼 쌓여간다. 누군가의 과잉 생산과 소비로 누군가는 의류 쓰레기로 고통받는 것이다. 부끄럽게도 대한민국은 세계 중고 의류 수출에서 5위를 차지하고 있다.

기성복이 나오기 전 우리의 옷 구매량은 현재의 5분의 1 수준이었다. 하지만 싼 가격에 옷을 구입할 수 있게 되면서 우리는 옷을 일회용품처럼 다루고 있다. 여행을 가서 입고 간 옷을 버리고 그곳에서 새 옷을 사 입는 사람도 많

아지고 있다.

지금 생산되는 옷의 양은 전 세계 인구 78억 명이 1년에 16벌 이상을, 다시 말해 1인당 한 달에 두 벌 정도를 구매해야 소비할 수 있는 양으로 이중 한 번도 입지 않고 버려지는 새 옷이 30퍼센트 가까이 된다. 우리나라의 경우에는 국민 1인당 연간 옷 구매량이 68개이고 구매한 뒤 한 번도 입지 않고 버리는 옷은 12퍼센트이다.

그런데 버려지는 옷 때문에 생기는 문제는 환경 오염 말고 또 있다.

🌥 친환경적이지 않은 천연 섬유

화석 연료로 만들어진 합성 섬유(나일론, 폴리에스터, 아크릴 등)는 자연 섬유보다 저렴하지만 원자재 생산부터 완제품까의 제조 과정에서 이산화탄소가 배출된다. 그 양이 무려 약 10억 2,500만 톤으로 이는 전 세계 이산화탄소 배출량의 10퍼센트를 차지한다. 게다가 옷의 70퍼센트 이상을 차지하고 있는 합성 섬유는 플라스틱으로 만들어져 분해되는 데 약 200년 이상 걸린다. 계산해 보면 한 사람이 옷을 입고 버리는 과정에서 1년에 수억 개의 미세 플라스틱을 배출되는 셈이다.

합성 섬유는 세탁 후에 빨리 마르고 형체 안정성이 좋아 구김에 강하며 값도 싸다. 하지만 옷을 만드는 과정 중 들어가는 화학 물질만 1만 5,000여 종이다. 그리고 염색 공장에서 배출하는 독극성 화학 물질과 폐수가 여과도 하지 않고 고스란히 강으로 버려지고 있다.

염색 과정에서는 엄청난 양의 물도 소비된다. 흰색 면 티

셔츠 하나 만드는 데는 2,700리터의 물이 필요하다. 한 사람이 하루 8잔의 물을 마신다고 하면 3년간 마실 양이다. 청바지 한 벌을 만들기 위해서는 33킬로그램의 탄소를 배출하고 7,580리터의 물이 필요하다. 이는 자동차로 111킬로미터를 갈 때 배출되는 탄소의 양과 같으며 한 사람이 10년 동안 마시는 물의 양이다. 1년에 만들어지는 청바지는 40억 벌. 옷을 만들면서 배출하는 온실가스는 전 세계 항공기가 배출하는 온실가스보다 많고 전 세계 선박이 배출하는 온실가스보다 많다.

이렇게 많은 옷을 계속해서 만들고 소비해도 되는 걸까? 미세 플라스틱 중 50퍼센트 이상이 섬유에서 나온다. 연간 플라스틱 폐기물의 20퍼센트는 패션 산업에서 나온다. 플라스틱을 쓰지 않겠다고 장바구니도 들고 텀블러도 사용하지만 정작 우리는 내가 입는 옷이 플라스틱 쓰레기라는 생각은 하지 못하고 있다.

그렇다면 천연 섬유인 목화는 친환경적일까? 목화는 병충해에 약하기 때문에 살충제를 사용할 수밖에 없다. 목화 재배 면적은 전 세계 경작지 가운데 3퍼센트인데 살충제 사용량은 전 세계 사용량의 24퍼센트를 차지한다. 면화 주요 생산지인 인도와 중앙아시아 지역에서는 면화 재배로 인해 지하수가 급격히 고갈되고 있다. 면화를 생산하기 위해 많은 양의 물이 사용된 탓이다. 세계에서 네 번째로 큰 호수였던 중앙아시아 호수 아랄해는 물길을 인위적으로 돌려 목화 재배에 사용한 결과 물의 90퍼센트가 사라져 사막화가 진행되고 있다.

모직은 어떨까? 모직 옷을 만들려면 양과 염소에게서 캐시미어 털을 얻어야 한다. 캐시미어가 얻기 위해 양과 염소를 키우자 몽골 초원의 90퍼센트 가까이가 사막화의 위기에 처해 있다. 양과 염소는 풀만 뜯어 먹지 않고 풀뿌리까지 캐 먹기 때문이다.

천연 섬유라 할지라도 약 27퍼센트의 화학 물질이 첨가된다. 면의 수축을 막고 반짝이고 부드럽게 하려고 액체 암모니아를 사용하는데 표백과 염색에 사용하는 이 화학 물질은 수질 오염의 주원인이다.

특히 제2차 세계 대전 당시 독일이 유대인을 학살할 때 사용했던 신경 독가스인 황화수소는 섬유를 가공 처리할 때 쓰이기도 한다. 유명 상표가 붙은 옷은 안전하다고 생각할지 모르겠다. 하지만 이 중 절반 이상에서 위험한 화학 물질이 검출되고 있다. 전 세계에서 사용하는 화학 물질의 23퍼센트가 섬유에 쓰인다는 점도 알았으면 한다.

🍃 다시 사기보다는 다시 입자

대량 의류 생산을 어떻게 막을 수 있을까? 2030년이 되면 전 세계 의류 업체들은 지금의 두 배가 되는 옷을 생산할 거라고 한다. 그러면 이산화탄소는 지금보다 두 배 더 발생할 것이고 물 소비도 두 배, 화학 물질도 두 배, 양(羊)을 키우느라 두 배의 면적이 사막으로 변하고 의류 쓰레기 산도 두 배 높게 쌓일 것이다.

질 좋은 물건을 싸게 구입하는 소비 방식은 강둑에 쌓여 썩을 기미도 보이지 않는 섬유 쓰레기 문제를 해결해 줄 수 없다. 옷이 환경과 생태계를 해치고 어떤 이에게는 고통을 준다면, 우리는 옷들을 매립하고 소각하는 방법이 아닌 다른 해결책을 찾아야 한다. 그중 하나가 옷을 새로 사기보다 있는 옷을 다시 입는 것이다.

'다시 입다 연구소'는 중고 옷을 교환, 수선, 리폼해 지속 가능한 옷 소비 문화를 조성하는 '21퍼센트 파티'를 매년 열고 있다. 옷장 속에 입지 않고 방치된 옷들이 평균적으로 21퍼센트를 차지한다는 2020년의 조사 결과에 기반한 행사다. 공유 옷장 21퍼센트 파티는 의류 교환과 더불어 라나플라자 봉제 공장에서 희생된 노동자들의 추모도 함께하고 있다. 패션 산업은 무엇을 해야 할까? 이제라도 제로 웨이스트를 향한 필요성을 인식하고, 지속 가능한 의생활 문화를 만들어가는 것에 중점을 두어야 할 것이다.

2020년대 모든 산업에서 화두로 떠오르는 용어가 있다. 친환경이다. 친환경 시장은 1조 1,977억 달러로 반도체 시장의 세 배나 되는 거대한 시장으로 성장했다. 여기에 패션 산업도 예외는 아니어서 패션계에서도 녹색 불어오고 있다.

의류 회사 파타고니아는 불필요한 피해를 줄이고 몇 세대에 걸쳐 사용할 수 있는 재질을 재활용해 제품을 생산하고 있고, 프라다는 일반 나일론 제품을 재생 나일론 제품인 '리나일론'으로 교체한다고 했다. 휴고 보스는 파인애플 가죽으로 만든 스니커즈를 출시했고, 아디다스와 나이키도 재활용 및 친환경 비건 소재로 만든 제품들을 출시하고 있다. 그러므로 윤리적 다운 인증▦ 마크를 단 옷에 관심을 갖고 생태에 좋은 영향을 끼치는 이들 의류 기업을 응원하는 것은 어떨까?

옷을 만드는 일이 쉬운 일이 아니다. 많은 물과 에너지가 들어가고 한 번 만들어진 옷을 자연으로 되돌리는 일은 훨

▦　살아있는 새의 털을 뽑거나 털을 뽑을 면적을 늘리기 위해 강제로 음식을 먹여 살을 찌우는 등의 학대 없이 만들어진 제품에 찍어주는 인증 마크

씬 더 어렵다. 이제는 저렴한 옷을 샀다고 기뻐하거나 우울해서 옷을 사는 일은 다시 한번 생각해 봤으면 좋겠다. 옷은 몸을 보호하는 기능을 넘어 자신을 표현하는 수단이긴 하지만 옷을 통해 자신의 겉모습만 보여준다면 자신의 정체성과 가치관은 옷 뒤로 사라져 버릴 수 있다.

사고를 확장하는 토론·논술 활동

1 파타고니아는 '블랙 프라이데이'에 과도한 소비를 지양하자는 뜻으로 다음과 같은 광고를 합니다. 그리고 블랙 프라이데이에 발생한 매출을 전액 환경 단체에 기부합니다. 그런데 이런 광고를 하는 파타고니아의 매출은 광고 후 40퍼센트나 증가했다고 합니다. 파타고니아는 왜 이런 광고를 했으며 광고와 달리 매출이 신장한 이유는 무엇일까요?

2 옷을 잘 관리하면 수명을 늘릴 수 있고 그 자체만으로 환경에 도움이 됩니다. 다음의 세탁 방법을 보고 지금까지 내가 잘못 알고 있는 상식에 관해 이야기를 나누어 봅시다 각 항목에 해당하는 사항 중 지킬 수 있는 것에 관해 이야기를 나누어 봅시다.

1. 옷을 위해서든 환경을 위해서든 세탁은 최대한 하지 않는 것이 좋다.
2. 찬물로 세탁한다.

3. 청바지와 같은 데님류는 자주 세탁하지 않는다.

4. 미세 플라스틱 세탁 망이나 필터를 사용한다.

2. 친환경 세제를 사용한다.

6. 빨래 건조기는 최대한 사용하지 않는 것이 좋다.

3 중고 의류 수출 5위인 대한민국은 개발 도상국에 입지도 못할 옷들을 수출합니다. 이 옷을 받은 나라들은 쓰레기 처리와 함께 환경 오염에 시달리고 있습니다. 앞으로 이런 의류의 수출을 금지해야 할까요?

☐ 금지해야 한다.

☐ 당장 방법이 없으므로 지금처럼 수출해야 한다.

4 의류 산업의 문제점 중 가장 먼저 사라져야 할 것은 무엇이라고 생각하나요? 이유를 들어 논술해 봅시다.

☐ 노동   ☐ 착취   ☐ 환경 오염   ☐ 동물 학대

인간과 함께 진화하는
바이러스

〈쥬라기 월드〉라는 영화는 DNA 복제 기술로 화석에 있는 모기의 피와 양서류의 피를 섞어 공룡 복원에 성공한다는 이야기이다. 영화에서 이 실험의 투자자들은 복제된 공룡으로 쥬라기 공원을 만들어 돈을 벌려고 하지만 예상치 못한 공룡의 공격을 받으면서 공원 개장은 무산되고 영화는 끝이 난다. 가상의 시나리오지만 실제로 일어날 수도 있겠다는 생각과 과학자들의 무책임한 행동, 돈만 벌겠다고 달려드는 투자자들의 모습은 영화를 보는 내내 씁쓸했다. 그렇다면 지금 DNA 복제 기술을 이용한 생물학적 복제는 얼마나 발전했을까? 사라진 멸종 동물의 복원도 가능할까? 과학 기술의 발전은 우리 삶의 질을 향상해 준

1993년 스티븐 스필버그가 만든 영화로 뛰어난 CG 기술과 제작비의 약 16배에 달하는 엄청난 흥행을 거둔 작품이다.

다지만 빛과 어둠처럼 부작용도 만만치 않다.

얼마 전까지 우리는 코로나19 바이러스로 전 세계가 함께 공포에 떨었던 경험이 있다. 이 바이러스의 원인이 박쥐라며 박쥐를 원망했지만 박쥐에게 다가간 것은 인간이지 박쥐가 인간을 먼저 공격한 적은 없다. 인간은 언제나 지구의 생물과 공존하기보다는 위에서 군림하려고 했다. 이러한 행동이 자연을 훼손하고 있다는 것도 감지하지 못한다.

코로나19 바이러스라는 정체불명의 바이러스는 인류에게 일침을 가했고, 우리는 속수무책이었다. 늘어나는 확진자 수와 높은 치사율은 공포와 불안을 불러일으켰고, 백신과 치료제가 나오기까지 약 3년 동안 마스크를 쓰고 생활했으며, 사람을 만나지 못하는 힘든 시간을 견뎌야 했다. 인류 역사상 가장 빠른 시간에 백신과 치료제를 만들기는 했지만 또 다른 바이러스의 출현은 계속될 것이라고 한다. 여기 DNA 복제로 멸종된 새를 복원하면서 뜻하지 않게 출현하는 바이러스에 대한 이야기를 쓴 이희영의 《테스터》를 소개한다.

== *the book's summary* ==

200년 전에 멸종된 레인보우버드의 동결된 사체에서 DNA 유전자 정보를 이용해 복원에 성공한다. 레인보우버드는 한국 토종 조류이다. 멸종된 레인보우버드를 복원해 전 세계인이 찾는 유명 관광 명소를 조성해 돈을 벌겠다는 투자자와 과학자들의 무지가 비극을 만들어냈다. 꼬리가 아름다운 레인보우버드는 예민해 번식도 힘든 종인데 이런 동물로 동굴 투어를 하겠다니.

동굴 투어는 시작도 하기 전에 막을 내렸다. 그 사업을 기획한 운영 총괄 부사장과 그녀의 남편인 본부장이 차례로 목숨을 잃게 된 일 때문이다. 그들의 몸에서 지금까지 발표된 적 없는 신종 바이러스가 발견된 것이다.

계획은 백지화되고 레인보우버드 복원 사업과 관련한 자료는 모두 폐기된다. 하지만 부사장의 몸속 아기가 바이러스에 전염된 채 이 세상에 나오면서 비극이 시작된다.

신종 RB 바이러스를 가지고 태어난 '마오'는 열여섯 해를 살았다. 바이러스의 부작용으로 햇볕에 신체가 닿으면 타들어 가듯 아파 낮에는 외출도 하지 못한다. 햇빛을 보지 못해서인지 마오의 면역력은 최악이다. 그래서 마오가 사는 공간은 24시간 살균과 소독, 공기 정화를 하는 클린하우스이다. 화학 첨가물이 들어간 과자도, 과한 조미료를 넣은 음식도 금물이다. 마오의 몸은 조금만 건드려도 와르르 무너질 것만 같다.

마오는 학교 가는 것도 불가능하다. 선생님은 AI, 친구들은 가상의 메타버스에서 만난다. 낮에 외출하려면 햇빛으로 몸을 보호할 수 있는 쉐이드

슈트를 입어야 한다. 마오는 백색증 환자처럼 머리카락, 눈썹 심지어 몸의 털 한 올 한 올 전부 새하얗다. 그나마 다행인 것은 눈동자는 암갈색이다.

마오는 자신의 치료제를 만들기 위해 아낌없이 투자하고 전력을 다하는 할아버지가 항상 고마웠다. 그런데 자신과 같은 증상을 가진 아이가 있다는 사실을 듣게 된다. 또 다른 감염자 '하라'는 햇빛 문제는 없지만 폐와 심장이 자주 고장 난다. 작은 상처도 쉽게 아물지 않는다. 그리고 지독한 색맹이다. 백색증과 햇빛 알레르기만 제외한다면 증상은 마오와 똑같다.

누군가는 막아야 했고 그러기 위해서는 희생이 필요하다고 생각한 할아버지는 다섯 명의 아이를 선택해 RB 바이러스를 주입한 후 바이러스에 견디는 아이를 선택했다. 다섯 아이 중 마지막으로 살아남은 아이는 마오. 네 명의 아이는 죽었다. 할아버지는 진짜 손자인 하라를 살리기 위해 마오를 RB 바이러스 신약 개발 테스터로 선택한 것이다. 마오는 실험실 같은 집에서 바이러스 감염자의 삶을 살았다고 생각했는데 하라의 테스터로 지금까지 살아온 것이다. 앞으로도 마오는 지금처럼 테스터의 삶을 살아가야 할까?

🐛 2095년 미래 세계의 모습과 빈부 격차

우리의 미래 세계는 어떤 모습일까? 지금 활발히 개발되고 있는 무인 자동차는 상용화되고 화성 테라포밍▨은 성공해 화성으로 가서 살 수 있는 세계일지도 모르겠다. 이 책의 배경은 그런 것들이 가능해진 2095년이다.

미래 세계에서는 인간 모형 로봇인 휴머노이드를 합성한 '어시드'라는 비서를 사용하지만 범죄에 악용될 수 있다는 이유로 인간과 100퍼센트 흡사한 모델은 만들지 않는다. 하지만 돈이 있는 사람들의 요구에 맞추어 몇몇 회사들은 개발하고 있는데, 인간보다 업무 처리도 뛰어나고 사생활이 새어 나가지 않기 때문이다. 회장님의 비서인 진솔은 일 잘하고 처리 능력이 뛰어난 사람이 아니라 로봇이다. 하지만 주인공 '마오'는 너무나 인간 같은 모습에 진솔을 로봇이라고 생각하지 못한다. 다만 차갑고 매정한 사람. 반면 마오 옆에 있는 로봇 보보는 인간보다 더 따뜻한 로봇의 모습을 보여준다.

테슬라는 2021년 로봇 사업에 착수한다고 발표하고 지

▨   terraforming, 지구가 아닌 다른 행성이나 위성 및 천체를 지구와 비슷한 환경으로 바꾸어 인간이 살아갈 수 있게 꾸미는 일

난해에 옵티머스 시제품을 공개한 이후 '옵티머스 2세대'를 선보였다. 3년이라는 시간 안에 이렇게 자연스러운 동작의 로봇을 만들다니 놀랍기만 하다. 달걀을 조심스럽게 들어 올리는 모습이 놀랍다. 손가락 끝의 신경망으로 달걀의 성질을 파악하고 달걀을 잡는데 손놀림이 인간과 너무 흡사하다. 이런 모습을 보면서 책 속의 진솔 같은 로봇의 등장이 멀지 않았다는 생각이 든다. 이런 로봇과 함께 사는 세상은 과연 행복할까?

미래 사회는 노화와 건강을 걱정하지 않아도 된다. 인공 장기나 피부 이식을 위해 이식용 동물이나 스킨 피기가 나오기 때문이다. 노화를 막아준다니 반가운 일 같지만 미래 세상에는 아이들과 노화가 멈춘 20~30세 모습의 사람들만 있다. 우리가 익히 아는 노인의 모습이 사라진 것이다.

인공 장기는 이식용 동물을 키워 장기가 필요한 사람에게 공급했다. 유전자 조작 기술의 발달로 자기 장기와 맞는 사람을 기다릴 필요가 없게 된 것이다. 자연히 불법 인신매매도 사라지게 되었다. 하지만 이런 것들이 모든 사람에게 적용되지는 않는다. 가난한 사람에게는 건강과 젊음을 유지한다는 것이 '그림의 떡'이었다.

택배는 운송 드론이 담당하고, 경찰 드론이 하늘을 날아다니며 순찰과 경비를 한다. 하지만 환경 오염으로 숲이 황폐해져서 종이는 다시 귀해졌다. 책은 홀로그램 북으로 대체되고 돈이 많은 부자들이나 종이책을 보는 세상이다.

화성 테라포밍이 가능해져 다국적 기업의 과학자들과 특수부대원들이 화성에서 생활하고 있으며 머지않아 화성에 정착할 첫 이주민들을 복권으로 선발한다. 왜 복권으로 선발하는 걸까?

수학여행은 달로 떠난다. 마오의 할아버지는 달에 셀라네라는 호텔을 운영한다. 콜럼버스가 신대륙을 발견한 지 600년. 이제 인간은 대륙이 아닌 제2의 지구를 찾아 나서서 만들고 있다. 책 속 미래 세계의 모습을 보면서 과연 어디까지 실현할 수 있을지 그리고 그 누구를 위한 개발이고 발견인지 생각해 보게 된다. 미래 사회에도 가난과 빈부 격차는 여전히 존재하고 있다.

🌰 과학맹신과 무지가 빚어낸 비극

레인보우버드의 복원은 RB 바이러스를 만들어냈다. RB 바이러스는 숙주에 침투하기 무섭게 새로운 옷으로 갈아입었다. 동굴에 다녀왔던 누군가는 하루아침에 노인이 되었고, 어떤 이는 검붉은 피를 토해냈다. 또 다른 이는 온몸에 종기와 부스럼이 일어났다. 눈이 먼 이도 있었다. 그렇게 모두 서서히 다른 모습으로 죽어갔다. 이는 곧 치료제가 개개인을 위한 맞춤형으로 개발해야 한다는 의미이다. 다른 사람처럼 죽음은 면했지만 집 안에 갇혀서 생활해야 하는 마오, 새로운 바이러스 치료제가 개발될 때까지 기다려야 한다.

신종 코로나19 바이러스 감염증은 1년 만에 태평양 섬나라 몇 개국을 제외한 전 세계 국가에서 6,000만 명에 이르는 확진자와 150만 명에 이르는 사망자를 낳았다. RNA를 핵산으로 사용하는 코로나19 바이러스는 돌연변이가 만들어질 확률이 높다. 이는 새로운 바이러스가 손쉽게 만들어질 수 있다는 의미이며 전파력이나 증상도 달라질 수 있다는 것을 의미한다. 잡종 바이러스가 탄생할 수도 있다.

인간은 이익을 위해 숲을 파괴하고 땅과 바다를 오염시켜 왔다. 인간이 지구를 망가뜨리며 지배 영역을 넓히는 동안 다른 생물들은 살 곳을 잃었다. 많은 동물이 인간이 만든 농장, 공장과 도로에 밀려 살 곳을 빼앗기고 멸종 위기에 몰렸다. 인간은 도시에 밀집해 살고 전 세계를 돌아다니며 끊임없이 접촉한다. 무엇보다 감염된 가축은 살처분하면서도 인간 감염자는 살처분하지는 않는다. 바이러스가 인간을 숙주로 삼아 안착에 성공만 한다면 대대손손 이어

갈 수 있는 것이다.

백신은 개발되었지만 물량이 부족하면 어떻게 할 것인가? 접종의 우선순위를 결정하는 것은 어려운 일 같지만 코로나19 팬데믹의 경험으로 답은 이미 나와 있는 듯하다. 개발 도상국 같은 나라들은 선진국이 점유하고 난 다음에나 기회가 왔었다.

딱 그만큼의 희생이 필요하다

인간이 바이러스라는 존재를 알게 된 것은 그리 오래되지 않았다. 바이러스가 발견되기 전까지 전염병은 세균에 의한 감염이었으며 세균보다 더 작은 것은 없다고 했다. 1892년 러시아의 이바노프스키는 세균보다 더 작은 무언가가 있다는 것을 발견한다. 그 이후 전자 현미경과 분자 유전학의 발전으로 지구상의 모든 생명체를 감염시킬 수 있는 바이러스를 알게 되었다. 우리가 익히 알고 있는 스페인 독감, 에볼라, 에이즈, 코로나19가 대표적인 바이러스 전염병이다. 바이러스는 눈에 잘 띄지는 않지만 점점 더 교활하고 영리해지고 있다. 책에 나오는 RB 바이러스도 기존 바이러스와는 차원이 다른 슈퍼 바이러스로 탄생한 것이다.

동굴 투어로 부모님을 잃은 건 안타까운 일이지만 여행을 결정한 것도, 레인보우버드를 아들에게 보여주려 한 것도 그들의 선택이었다. 과학의 발달 덕분인지, 능력자 할아버지 덕분인지 마오는 생명을 유지하고 있다. 마오는 자신의 병을 고치기 위해 애쓰는 할아버지에게 항상 감사함을 느꼈다. 하지만 마오가 보고 있는 것은 진실이 아니었다. 할아버지는 단지 치료제 개발을 위해 마오를 테스터로 썼을 뿐이다.

2016년 프랑스에서 신약 임상 실험에 참여한 사람이 사망하는 사건이 발생했다. 우니니비도 2020년 대형 제약회사에서 뇌전증 신약을 개발하던 중 임상 1상에서 사망자가 발생했다. 어떤 유명 그룹의 보컬은 돈이 없던 시절 UCLA의 의약 실험에 참여했다며 하루 종일 담배를 피우는 역할이었다고 했다.

지금도 제약 회사는 경제적 약자나 아프리카같이 규제가 덜한 나라에서 의약 실험을 하고 있다. 가난해서 실험의 대상자가 되는 선택을 할 수밖에 없는 세상. 어쩌면 우리는 자신이 테스터인지도 모른 채 살아가고 있을지도 모른다.

코로나19 바이러스 시기에 우리는 바이러스에 감염되지 않기 위해 외출을 통제하고 온라인으로 사람을 만났다. 하지만 이조차 할 수 없는 사람들도 있었다. 경찰관이나 의사나 간호사, 소방관들은 현장에서 일해야 했으며 택배 기사들도 그러했다. 일자리를 잃은 사람도 많았다. 하지만 백신이 개발되자 부자 나라의 국민부터 백신의 혜택을 받았다. 코로나19 바이러스는 대통령이든 가난한 사람이든 가리지 않고 전염이 되지만 백신은 평등하지 않았다.

세상을 움직이는 건 첨단 과학 기술도 의학의 발전도 아닌 어떤 작은 희생들이다. 오류와 실수를 범하면서 수많은 부작용과 생명이 사라졌기 때문에 과학의 발전이 이루어지고 생활의 편리가, 백신의 혜택이 가능하게 된 것이다.

책 속의 화성 복권 당첨자도 이미 정해져 있다. 화성 거주지에 미리 살아볼 테스터가 필요할 테니, 각국에서 당첨된 사람들은 대부분 빈민가 출신에 뭔가 묘한 공통점이 있다. 그곳이 어떤 땅인지, 인간에게 어떤 위험 물질이 숨어 있는지는 데이터만으로 알아내는 데는 한계가 있기 때문에 화성 이주 실험을 위한 선발대를 뽑고 그럴싸한 복권을 내세워 사람들을 속인 것이다.

빛이 있으면 어둠이 있듯이 시간이 지나도 세상의 이치는 변하지 않는듯하다. 이제는 사람들이 지구를 그냥 내버려두었으면 좋겠다. 달이나 화성에 가려는 비용으로 지구를 지키는 데 힘을 쓰고 로봇을 만들려는 비용으로 인간들의 일자리나 만들었으면 좋겠다. 어떤 결과를 예상하고 예

측하지도 못할 바에는 과학이라는 이름을 그만 앞세워야
한다. 인간의 오만함으로 자멸의 길을 걷지 말고 희망의 길
을 만들어 가야 한다.

1 멸종된 동물을 홀로그램으로 되살릴 수 있다면 어떤 동물을 복원하고 싶은가요? 이유도 함께 말해 주세요.

2 빛을 보면 안 되는 마오는 햇빛을 보면서 끝이 납니다. 마지막 장면을 보고 마오의 선택에 관해 이야기를 나누어 봅시다.

> 구름 사이로 붉은 해가 떠올랐다. 어둠이 빛으로 지워진다. 눈처럼 투명한 두 발이 난간 위로 올라섰다. 서서히 밀려드는 햇빛을 향해 두 팔을 벌렸다. 빛이 닿자 새하얀 얼굴과 목을 지나 팔과 발등까지 빨갛게 변해 갔다. 몸이 조금씩 타오르기 시작했다.
> "여명이구나." 마오기 웃으며 태양과 마주했다.

3 '수많은 존재가 자신이 테스터인지 모른 채 살아가고 있다' 인류의 역사 속에서 테스터를 떠올릴 만한 일들에 관해 이야기를 나누어 봅시다.

4   우리가 먹고 있는 다양한 약과 수술 방법들이 누군가의 희생에 의해 완성된다면 그것은 인류를 위해 필요한 것일까요?

> 누군가의 희생으로 세상이 더 좋아진다면 당연히 그럴 가치가 있다고 믿는 게 인간이다. 그 누군가가 자신이 아니어야 한다는 절대적 조건에서 말이다.

☐ 필요하다.   ☐ 필요하지 않다.

5   작가는 2095년, 과학과 의료 기술이 고도로 발달한 미래 사회에 나타나게 될 인간의 모습을 제시했습니다. 이런 사람들이 나타나게 된 배경과 미래 사회의 모습을 생각해 보면서 각각의 인간 유형들은 어떤 욕망(본성)을 투영하고 있는지에 대해 논술해 봅시다.

> - 지구를 벗어나 화성으로 떠나려는 인간들
> - 멸종된 동물을 관광 목적으로 복원해 돈을 벌려는 기업가들이나 달에서 호텔을 운영하는 할아버지
> - 스킨 피기외 같이 오로지 인간을 위해 동물 유전자를 조작해 연구하고 개발하는 과학자들

되돌릴 수 없는 그날의 사고

영화 〈아이언맨〉에서 아이언맨은 슈트를 입으면 엄청난 힘으로 우주를 날아다니며 악당을 물리친다. 아이언맨의 힘은 도대체 어디서 나오는지 궁금한 적 있는가? 가슴에 달린 소형 핵융합로 '아크 리액터'에서 나온다. 핵은 아주 적은 양으로 엄청난 힘을 얻을 수 있는 핵을 연료로 사용하는 것이다.

또 다른 영화 〈백 투 더 퓨처〉에서 주인공은 박사가 개조한 차를 타고 30년 전의 젊은 엄마 아빠를 만난다. 순간적으로 시간을 이동하려면 원자력발전소 1기의 발전량과 같은 커다란 힘이 필요하다. 그렇다면 이런 폭발적인 힘을 낼 수 있는 연료는 무엇일까?

영화 속 자동차 연료로 쓰인 것은 플루토늄이다. 이렇게 핵융합 기술이 발달한다면 앞으로 시간 여행이 가능할지도 모르겠다. 자동차에 기름을 넣거나 전기 충전을 하지 않아도 되니 배기가스 때문에 환경 오염을 걱정할 일도 없을 것이다.

　하지만 아쉽게도 이러한 상상은 영화에서만 가능한 것일지도 모르겠다. 핵은 이미 발전소에서 에너지를 생산하고 있지만 위험성이 커서 항상 안전에 신경을 써야 한다. 안전성을 확보하지 못한 원자력발전소의 사고는 심심치 않게 일어났다. 1979년 미국의 스리마일섬 사고, 1986년 우크라이나의 체르노빌 사고, 2011년 일본의 후쿠시마 사고. 미국에서 발생한 사고는 방사능이 유출되지 않아 수습이 빨리 되었지만 나머지 두 사고는 후유증이 아직도 진행 중이다.

　후쿠시마와 체르노빌의 사고는 어떻게 수습이 되었고 그 과정에서 국민들에게 어떤 정보를 제공했는지, 우리 정부는 원자력발전에 대한 정보와 위험성에 대한 정보를 균형 있게 제공하고 있는지, 더 나아가 친환경 에너지와 원자력발전의 균형은 어느 정도인지 궁금해진다. 가성비와 효율성을 따진다면 원자력발전소는 최고이지만 그 위험성은 전 세계의 뜨거운 감자로 떠오르고 있다.

== the book's summary ==

가장 안전하다고 믿었던 체르노빌 원자력 발전소에서 사고가 났다. 점점 불길이 거세져 1킬로미터가량 되는 높이의 불꽃이 상공에 커다란 원호를 그리며 계속 세력을 넓혀가고 있다.

태양이 눈부시던 오후 3시. 3,000미터 상공이 갑자기 어두운 밤처럼 시커멓게 변하고 핵 구름이 기세 좋게 성층권 끝까지 올라 수증기처럼 사방으로 퍼져 나갔다. 원자로에서 나온 유독 가스는 주변 일대로 빠르게 번졌지만 무색, 무취라 사람들은 감지하지 못한다. 다만 계속 눈이 바늘에 찔린 것처럼 아프다.

《체르노빌의 아이들》
히로세 다카시 지음

이반과 이네사의 아빠 안드레이는 원자력발전소의 진화 작업에 투입된다. 원자력발전소 직원이라는 이유로 아무 장비도 없이 맹렬한 화염 속에서 독가스를 마시고 살갗을 태우며 진화 작업을 한다. 죽음에 맞서서 원자력발전소로 들어가야 하는 이유는 아이들을 위해서이다. 지금 이렇게 하지 않으면 아이들에게 큰 위험을 넘겨주어야 한다는 생각에 안드레이는 죽음을 각오하고 화염과 싸웠다.

피난민 명부에 이름을 등록한 뒤 엄마와 격리된 이반과 이네사는 어떤 증상에 효과가 있는지도 모르는 약을 먹어야 한다. 젖먹이들은 피를 토하고 대부분의 사람은 피부가 따끔거려 아프다고 하소연하지만 원인을 모르는 이 상황은 나아질 기미가 보이지 않는다.

군인들은 원자력발전소에서 도망가는 사람들을 잡고 격리되지 않은 아이들과 엄마들을 감시한다. 의사들은 근본적인 치료를 하는 것이 아니라

중환자들을 격리하거나 상태를 파악하는 것만 한다. 이런 일이 처음이라 이들도 어찌할 바를 모르는 것이다. 병원 안에서 몇 명의 환자가 죽어 나가는지 숫자를 세어서도 안 되고 환자들이 흥분하지 않게 "나을 것이다."라는 말만 한다. 무기력하게 죽어가는 환자들 옆에서 의사와 간호사들이 지쳐간다. 환자들의 고통을 바라만 봐야 하는 상황이 그들을 더 힘들게 한다.

정부는 "안전하다"는 말만 반복한다. 그리고 아이들을 격리한다. 이네사는 끝내 숨을 거두고, 방사선 피폭으로 앞이 안 보이는 이반은 엄마와 언제 다시 만날지 불투명하다. 아빠는 원자력발전소의 화염 속에서 생을 마쳤고 엄마는 아픈 몸을 이끌고 이 병원 저 병원 다녀보지만 아이들을 찾을 수 없다.

하천으로 떠내려온 숙은 양의 시체들이 수십 마리이다. 타냐는 지난밤부터의 일을 생각해 본다. 대폭발, 피난, 눈먼 새끼 양, 남편과의 이별, 그루센카 아이의 죽음, 하천에 떠내려온 양의 시체들. 시간이 흐를수록 피해는 더 커질 것이다.

아무도 도움을 주지 않는다. 평범한 삶을 살던 가족을 무너뜨리고 밟아버린, 가혹한 이 상황을 누가 만든 것인가? 원자력발전소 관리를 소홀히 한 사람들인가? 원자력발전소를 만든 과학자들인가? 그들이 대지에 뿌린 죽음의 재는 서서히 더 많은 사람과 생명을 사라지게 하고 있다. 비록 이 가족의 생명은 사라졌지만 체르노빌에서 이들이 살았다는 사실은 사라지지 않는다. 아니 누구도 지울 수 없다.

☁️ 무엇을 위해 죽음과 싸우고 있는가?

안드레이는 오늘 아침 자기 차 위에 수북이 쌓여있던 재를 떠올렸다. 죽어가는 가축들을 보면 피난민들은 임시 천막을 치고 들어가 있거나 비닐이라도 뒤집어써야 한다. 최소한 체르노빌로부터 30킬로미터 밖으로 나가야 한다. 정부의 말만 듣고 안도하고 있다.

원자력발전소에서 일하는 안드레이는 이런 위급한 상황에서 가족과 함께할 수 없게 되었다. 가족이 걱정할 것을 알면서도 화염에 쌓인 원자력발전소에 투입되어 사고 처리를 해야 하기 때문이다. 그는 맹렬한 화염 속 독가스를 들이마시며 화상을 입을 정도로 위험한 곳에 죽음을 불사하며 향해야 한다. 가지 않으면 탈주범으로 몰려 군인에게 공개 처형을 당할 수도 있다. 그런데 그보다 더한 공포는 앞으로 이런 곳에서 아이들이 살아가야 한다는 것이다.

안드레이는 혼자만 사느니 차라리 죽는 게 마음이 편할 것 같다. 그래서 도망가지 않고 원자력발전소 앞으로 나아간다. 살이 타들어 갈 정도의 아픔도 잊은 채 죽음과 맞서 싸운다.

한편 타냐는 남편 없이 어린아이 둘을 데리고 어디로 피난을 가야 할지 모르겠고 아무것도 없는 상태에서 아이들을 잘 돌볼지도 걱정이다.

정부에서 안전하다는 말에 사람들은 잠시 의심하지만 달리 방법이 없다. 정부는 사람들의 공포를 잊게 하려고 노동절 행사에 시가행진을 하기로 한다. 정부가 행사를 진행하는 것을 보고 사람들은 아무 일도 일어나지 않을 것이라며 안심한다. 하지만 며칠 후 정부는 풍향이 바뀌었으니 밖으로 나오지 말라, 일광욕도 하지 말라고 발표한다. 그렇다면 지난번 노동절 행사 때는 바람이 이쪽으로 불지 않았단 말인가? 사람들은 이제까지의 모든 공식 발표가 거짓이라는 것을 알게 된다.

지금까지 이야기는 소설 속 이야기이면서 실제 이야기이다. 체르노빌 원자력발전소 폭발은 인류 역사상 가장 큰 사고였다. 정부는 발전소에서 3킬로미터 거리에 사는 시민들에게 36시간이나 지나서야 그 사실을 알려주었다. 그 사이 방사능은 유럽 전역으로까지 퍼져 나갔다.

이 사건이 알려진 건, 체르노빌에서 1,100킬로미터 떨어진 스웨덴 원자력발전소 직원들이 출근하면서 방사능을 측정했을 때 위험 경고가 울리면서였다. 바람의 이동을 보니 근원지가 체르노빌이고 그리스, 오스트리아까지 날아갔다는 것도 알게 되었다. 하지만 유럽에서 이의를 제기하기 전까지 소련은 비밀에 부치고 제한된 내용만 발표했다. 진실을 은폐하기 위해 사고 6일째 되는 날에는 노동절 행사를 진행했다. 행사에 참여한 시민들은 대규모로 방사능에 피폭되었다.

소련은 사고가 일어난 지 19일 만에 공식 입장을 밝혔다. 21일째 되는 날에는 모스크바와 돈바스 지역의 광부들을 투입해 땅을 파고 열교환기를 설치했다. 2차 폭발을 막기 위해 400여 명의 광부들이 한 달간 3교대로 일을 했는데 아무 보호 장비도 착용하지 않은 상태였고 땅 밑 기온이 너무 높아 오히려 옷을 벗고 작업을 할 정도였다. 다행히 2차 폭발은 없었지만 광부의 3분의 1이 40세 이전에 사망했다. 그들에게 주어진 것은 '감사장' 종이 한 장뿐이었다.

한편 하늘로 올라간 미세 먼지를 막기 위해 사상 초유의 작업이 시작되었다. 사람을 대신할 원격 조정 로봇을 투입했지만 방사능 때문에 로봇이 고장 나 계획대로 진행할 수 없었다. 그래서 로봇 대신 사람이 투입되었다. 방사선 피폭■이 우려되어 90초간 작업하고 다시 교대하는 방식으로 진행되었지만, 작업을 하고 나면 눈이 아프고 입에서 금속 맛이 나서 맛을 느낄 수 없었다고 한다. 4,000명이 투

■ 당시 시간당 70시버트로의 방사능이 유출되었다고 했지만 오늘날 계산해 보면 120 시버트로 추정되며 이런 상황에서는 작업 시간을 2분 이상 넘기면 생명을 보장할 수 없다.

입된 후 마지막 사고 수습을 위해 '28인의 결사대'가 조직
되었고, 그들은 원자로로 들어가 모래와 콘크리트 5,000톤
으로 지붕을 씌워 방사능과 지하수의 접촉을 막고 원자로
를 봉인했다.

　28인 결사대는 방사능에 노출되어 3개월 만에 모두 순
직했다. 재난에 투입된 소방관이나 원자력발전소 직원, 군
인은 대다수가 방사선 피폭으로 죽거나 암으로 고통을 받

았다. 사고 7개월 만에 4호기는 콘크리트로 덮였다. 방사능 확산을 막기 위해 일단 덮었지만 아직도 그 안에는 방사능이 있다.

과거 원자력발전소를 상용화하는 데 성공한 소련은 핵을 전쟁에 사용하는 것이 아니라 평화적으로 사용한다며 체르노빌 원자력발전소를 설계한 사람들에게 훈장까지 수여했다. 하지만 핵폭발에 준하는 사건이 일어나자 은폐하기에만 바빴다.

핵폭탄과 원자력발전소의 원리는 같다. 정말 위험하다는 걸 몰랐단 말인가? 소련은 저렴하게 전기를 공급할 수 있다는 이유로 원자력발전소 만드는 일에 박차를 가했다. '원자력은 평화를 위해서 공산주의를 위해서', '소련 과학이 영광으로'와 같은 포스터를 만들어 국민이 원자력을 긍정적으로 인식하게 했다. 하지만 사고가 나자 이를 해결하기 위해 움직인 사람들은 발전소와는 무관한 평범한 시민들이다. 그들은 무엇을 위해 죽음을 불사하고 이 일에 뛰어들었을까? 이 일을 시작한 과학자나 정부 요직의 사람들은 사고 수습을 위해 무엇을 했는지 묻고 싶다.

점점 다가오는 죽음의 공포

"아가야 죽으면 안 돼! 제발!"

사람들의 간절한 바람에도 불구하고 비극은 피할 수가 없었다. 피해는 아이들에게서 가장 먼저 나타났다. 이반은 눈동자에 이상이 생긴 것인지 앞이 보이지 않는다. 꿈이길 바라지만 현실은 계속 엉망진창이다. 이반은 자신이 정말 뭘 잘못해서 벌을 받는 것인지 생각해 본다.

이반에게도 아픈 친구들과 비슷한 증상이 나타나기 시작했다. 붉게 부풀어 오르거나 피부에 생긴 붉은 반점들. 얼굴은 창백해졌고 면역 작용도 그 기능을 잃어버렸다. 아이들은 모두 백혈구 수가 눈에 띄게 감소했다. 하루하루 죽어가고 있었다.

'죽음의 재'로 완전히 포위당한 체르노빌에서는 어떤 생물도 이 괴물들에게서 도망가 살 수 없었다. 비가 내리자 죽음의 재는 땅으로 스며들고 흘렀다. 땅으로 스며든 물은 나무가 흡수했고, 흐르는 물은 개울이 되고 저수지가 되었다. 방목된 가축들은 오염된 풀과 물을 먹었다.

체르노빌 원자력발전소에서 빠져나온 작은 괴물들은 이제 지구 생물들 속으로 침투했다. 점점 지구를 옴짝달싹 못하게 만들어 가고 있다. 빠져나갈 방법이 없다. 대지에 뿌려진 죽음의 재는 인류와 지구에 사는 모든 생물에게 검은 그림자를 드리우며 다가가고 있었다.

가을도 아닌데 바짝 말라가는 나무들, 지금도 체르노빌 인근의 식물들은 변이를 일으키고 방사성 물질을 내뿜고 있다. 생물 다양성이 크게 감소해 최소 2045년까지는 개선 조치가 필요한 것으로 추정되고 있다. 사고 후 60년이 지나야 회복이 된다는 말이다.

보리 이삭이 여물어 파도처럼 굽이치는 우크라이나 대평원의 광활한 모습은 이제 과거의 이야기이다. 좋았던 시절은 막을 내렸다. 아무리 노력해도 더럽혀진 대지는 다시 그 모습을 찾기 힘들다. 방사능의 위험은 아직도 충분히 알려지지 않고 있다. 핵발전 기술은 안전하다고 과학자들과 정부는 계속 이야기한다.

어쩌면 원자력의 필요성은 원자력 관련 종사자들이 이익을 위해 만들어진 이야기일지도 모르겠다. 피폭 당시 시간당 1만 뢴트겐의 수치가 나왔다. 1만 뢴트겐을 1시간 정도 쐬면 죽는다. 히로시마 원자 폭탄의 400배에 이르는 방사능이다.

뜨거운 감자 원자력

최초의 노벨 물리학상을 받은 뢴트겐과 두 번째 물리학상을 받은 마리 퀴리 부부는 모두 방사선과 관계가 있다. 외부에서 에너지를 받지 않아도 빛을 내는 이 물질이 당시에는 신기하기만 할 뿐 위험하다는 생각은 하지 못했다. 그래서 프랑스에서는 단숨에 인기를 끌면서 화장품과 음식에 라듐을 첨가했다. 지금 상식으로는 어림도 없는 일이었지만 사람들은 빛을 내는 이 원소를 주머니에 넣어 다니기도 했다.

그런데 라듐 성분이 있는 곳에서 일을 하던 노동자들이 화상을 입고 백내장, 골수암, 백혈병 등으로 사망하기 시작했다. 연구를 위해 라듐을 항상 몸에 지니고 다니던 퀴리 부인과 딸도 백혈병으로 사망했다. 우라늄에서 방사선이 나온다는 사실은 여러 과학자의 호기심을 불러일으켰지만 위험성은 잘 알지 못했던 것이다.

1938년 독일에서 프리츠 슈트라스만과 오토 한이 핵반응을 발견했다. 우라늄이 핵반응하면 분열하면서 어마어마한 에너지가 생긴다는 것도 알게 되었다. 1938년은 제2차 세계 대전이 일어나기 1년 전이었다. 나치 독일이 원자 분열을 발견한 후 1년 동안 도대체 무슨 일이 있었던 것일까?

원자 폭탄은 신무기 개발에 박차를 가하는 독일을 견제하기 위해 미국에서 개발한 것이다. 1938년 아인슈타인은 미국 대통령에게 연구의 필요성에 대한 편지를 쓰고 전 세계 과학자들을 미국으로 모았다. 곧 미국 30여 개의 도시에서 '맨해튼 프로젝트'가 진행되었다. 현재 가치로 약 330억 달러, 한화로 42조 1,905억 원의 돈과 13만 명의 인원이 투입된 특급 비밀 프로젝트였다. 프로젝트 진행 중 미국의 루스벨트 대통령이 갑자기 사망하는데 부통령인 트루먼도 이 사실을 대통령 사망 이후 알게 될 정도로 프로젝트는 극비리에 진행되었다. 하지만 세상을 구하기 위해 만든 무기가 세상을 파괴할지도 모르는 핵 개발 프로젝트였다는 것을 나중에 알았다.

전쟁을 억제할 무기라 생각하고 일을 진행했지만 원자 폭탄에 의한 전쟁의 종식은 없었다. 우리에게 평화를 안겨 줄 것이라는 오판은 히로시마의 원자 폭탄으로 증명되었다. 전 세계 핵무기 수는 1만 2,000개 정도로 러시아와 미국이 약 9,000개를 가지고 있고 중국, 프랑스, 영국, 파키스탄, 이스라엘, 인도, 북한이 보유하고 있다. 전쟁이 억제되기를 바랐지만 무기 수만 늘리게 된 것이다.

이후 이 끔찍한 핵무기를 인류의 도움이 되는 것으로 사용한다며 소련은 원자력발전소를 만들었다. 핵분열이 빠르게 일어나면 핵폭탄이 되고 느리게 일어나면 원자력발전이 된다는 명분으로 말이다. 우리나라에도 원자력발전소 총 25기 중 21기가 운영되고 있다. 자원이 없는 우리나라에서 원자력은 필요한 에너지원이다. 그렇다면 원자력발전소는 안전한가? 과학자들이 말하는 미래의 친환경 연료일까?

원자력은 온실가스 배출 없이 전력을 생산할 수 있는 가장 효율적인 에너지이긴 하다. 천연가스나 석유 가격이 급등할 때마다 전전긍긍할 필요도 없어진다. 또한 원자력 파생 기술은 우리 생활과 밀접하게 연결되어 있다. 방사능으로 상하수도 오염 물질을 제거하고 식품의 보존 기간도 연장한다. 특정 암을 찾는 기술, 배관 누수나 탐지, 건물의 균열이나 내부 검사, 문화재 보존 관리 기술에도 활용된다. 국제 항공 우주와 같은 기술에도 응용되고 있다.

그러나 고준위 방사성 폐기물(사용 후 핵연료) 처리 과정도 위험하고 사고가 났을 때 방사능 유출에 대해서도 속수무책이다. 핵연료로 사용하는 우라늄이나 플루토늄은 사용하고 난 후에도 방사능을 계속 유출하기 때문에 지하 500미터 아래에 매립하고 시멘트로 겹겹이 봉해야 하는데, 우리나라의 고준위 방사성 폐기물도 처리할 곳이 부족해 원자력발전소 주변과 저장 시설에 쌓아두고 있다.

　핵폐기물의 반감기는 수만 년에 달하기 때문에 자연적으로 사라지기를 기다리는 것은 불가능하다. 땅 밑에 깊숙이 묻는 영구 격리 방법 외에는 달리 방도가 없다. 하지만 어느 누가 우리 집 앞에 폐기물을 묻어도 좋다고 하겠는가? 환경 단체들은 핵폐기장도 안 짓고 핵 사용만 생각하는 정부의 무책임을 지적하고 있다. 원자력발전소는 편리함과 위험을 함께해야 하는 포기할 수 없는 뜨거운 감자이다.

▧　　2031년에는 폐기물을 쌓아둘 곳도 없다고 한다.

사고를 확장하는 토론·논술 활동

1　탄소 배출을 환경 문제의 심각한 문제로 보는 입장에서는 원자력발전을 친환경 발전의 형태로 보기도 합니다. 이러한 견해에 대해 어떻게 생각하는지 이야기를 나누어 봅시다.

2　안드레이는 가장의 책임과 발전소 직원의 책임 사이에서 고민하다 후자를 선택합니다. 안드레이가 자신이 하는 일의 위험과 가족이 겪을 방사능 후유증을 알고 있었다면 어떤 선택을 했을까요?

　　□ 사람들을 위해 발전소로 가서 일했을 것이다.
　　□ 가족을 위해 발전소로 가지 않았을 것이다.

3　이 책에 등장하는 인물들은 원자력발전소 사고 위험에 대해 기본적인 사항조차 알지 못합니다. 우리나라도 원자력발전소를 이용하고 있습니다. 그러나 원자력발전소 사고로 인한 재난에 대해서는 어떻게 대비해야 하는지 교육도 정보도 부족한 상황입니다. 원자력발전소에 사고가 났을 때 어떻게 대처해야 할지 친구들과 함께 안전

책에 대한 매뉴얼을 만들어봅시다.

4　소련 정부가 체르노빌 사고 이후 시민들에게 진실을 알리는 것
이 도움이 되었을까요? 아니면 진실을 알리는 것보다 대피와 식량 및
의료 지원을 하는 것이 더 실질적인 도움이 되었을까요?

　□ 정부는 시민들에게 진실을 알려야 한다.
　□ 정부는 시민들이 불안해할 수 있으므로 진실을 알리기보다 다른 지
　　원에 더 집중해야 한다.

5　이 책의 작가는 막연히 반대하기보다는 우선 제대로 사실을 전
하는 것이 중요하다는 생각에서 이 책을 썼다고 합니다. 원자력발전
의 장단점에 대해 알아보고 우리나라의 바람직한 에너지 정책 방향
에 대해 논술해 봅시다.

다시 돌아가기 위한 노력

2018년 A는 미국에서 30년 님세 '살디기 노년은 한국에서 살아야 겠다며 모든 것을 정리하고 돌아왔다. 40년의 미국 생활을 정리한다는 게 쉽진 않았지만 한국에서 노년을 보내는 것이 더 나을 거라고 생각했다고 한다. 그런데 다시 미국으로 돌아가야 할 것 같단다. 이유인즉 한국의 공기가 너무 나빠 생활하기 힘들기 때문이란다. 숨을 쉴 때마다 가슴이 아프고 마스크를 쓰지 않고는 생활하기가 힘들다고.

A가 어렸을 때 미국으로 가게 된 이유도 천식이 심한 동생 때문이었다. 공기가 좋은 곳을 찾아 가족 모두가 이민을 간 것이다. 그 당시 A는 에어노마드Air Namad █였다. A가 이민을 떠난 1980년 당시 우리나라 공

▓   깨끗한 공기를 찾아 떠나는 사람들로 생존을 위해 자신의 정든 일터, 집, 고향을 등지고 떠난다.

기가 얼마나 나빴는지 궁금해진다.

최근 미세 먼지 오염에 대해 사람들에게 물어보면 전보다 나빠졌다는 의견이 80.4퍼센트이다. 아마 지구 온난화로 인한 미세 먼지나 황사 때문에 대기의 질이 더 나빠졌다고 생각하는 것 같다. 2018년 평창 동계올림픽에서는 미세 먼지로 알파인 스키 종목이 차질을 빚기도 했다.

그렇다면 30년 전인 1988년 서울에서 올림픽이 열렸을 때 우리나라의 공기는 맑았을

까? 그 당시는 상황이 훨씬 더 나빴다. 대기의 질이 좋지 않으므로 일본에서 연습하다가 경기만 한국에서 하겠다고 하고, 북한마저 공기 오염이 심한 서울에서 경기하면 큰일 난다고 맞불을 놓기까지도 했다. 정부는 급하게 차량 2부제를 실시하고 공장 가동을 30퍼센트까지 줄이면서 서울의 공기를 깨끗하게 만들기 위해 애를 썼다. 그 당시 한국은 경제 성장에 방점을 찍고 있던 나라였다.

《지구끝의 온실》
김초엽 자움

== *the book's summary* ==

수년간 더스트가 증식하면서 기후는 엉망이 되고 지구는 사람이 살기 어려운 곳이 된다. 더스트 농도가 짙어지면서 열대 우림마저도 건조해지고 숲에 사는 짐승들도 사라졌다. 이야기는 그 후 세계 '더스트 대응 협의체'가 더스트를 없애고 지구를 재건한 70년 이후의 일이다.

2129년 강원도 해월에 더스트 시대 직후에 가장 많이 번성했던 모스나바가 발견된다. 모스나바는 더스트 시대 재건 직후에는 전 대륙에 퍼져 있었지만 현재는 흔히 발견되지 않는 식물이다. 아영은 모스나바를 어린 시절 이희수의 정원에서 본 적이 있다. 더스트 시대를 겪은 이희수는 돔 바깥의 이야기를 아영에게 들려준다. 더스트를 피하기 위해 세계 곳곳에 거대한 돔이 생겨났지만 숲이나 들판의 생물을 위한 돔은 없었고, 생물들은 사라지고 새로운 종이 숲으로 꾸며지면서 이전엔 존재하지 않던 풍경을 만들어낸 이야기를.

한편 아영은 에티오피아의 약초학자들이 민간 의료에 크게 기여하면서 그 전통이 지금까지 이어져 온다는 것을 들은 후 약초학자 나오미를 찾아간다. 더스트 시대를 지내 온 나오미도 아영에게 당시 이야기를 들려준다. 나오미가 더스트의 내성이 있다는 사실을 안 돔 사람들은 그녀의 피를 뽑아 가혹한 실험을 했다고 한다. 위험을 느낀 나오미는 언니 아마라와 함께 돔에서 탈출해 우여곡절 끝에 프림빌리지에 정착한다.

레이첼과 지수는 이곳의 리더이다. 레이첼이 온실에서 종자를 개발해

주면 마을 사람들은 그걸 함께 재배해서 이 마을을 유지한다. 프림빌리지는 멸망한 세계에서 유일하게 남은 돔 밖의 대피처이다. 이곳은 보호복을 안 입어도 되고 식물이 자라는 곳이다.

레이첼이 일하는 온실은 폭우 같은 천재지변이나 다른 부족의 침입에도 마을 사람들이 꼭 지켜야 하는 곳이다. 온실은 이 마을의 희망과 같은 곳이다. 하지만 사람들은 처음과 달리 의심하기 시작한다. 레이첼이 온실에 틀어박혀 있는 목적이 무엇인지 궁금하다는 사람, 돔 안에 있는 사람들과 프림빌리지의 가능성에 대해 협상해야 한다는 사람, 그들이 프림빌리지를 빼앗을지 모르니 대비해야 한다는 사람, 프림빌리지가 영원히 지속되기 힘들 것이라는 사람, 돔으로부터 버려진 우리가 왜 세계 재건을 위해 도움을 주어야 하는지 모르겠다는 사람.

이런 가운데 더스트 폭풍이 프림빌리지를 덮친다. 살아남으려면 덩굴을 퍼뜨려 보호막처럼 프림빌리지를 감싸야 한다. 덩굴은 그들을 살렸지만 작물을 엉망으로 만들면서 굶주리게 만들었다. 사람들은 불신하기 시작했고 창고의 종자를 훔쳐 떠나는 사람들이 생겼다. 그들을 따라가 죽여야 한다는 사람과 그러면 안 된다는 사람들. 함께 문제를 해결하기보다 자기의 의견에 목소리를 높인다. 지수는 이런 분란을 해결하기 위해 또 다른 프림빌리지를 만들어야 한다고 생각한다. 그리고 다른 프림빌리지를 만들기 위해서는 이 덩굴이 있어야 한다며 사람들에게 덩굴을 전해 준 후 모두 흩어진다.

아영은 메모리칩으로 과거의 데이터를 보면서 프림빌리지의 사람들과 덩굴 식물이 더스트폴의 종식에 기여했으며, 이 식물이 아영이 어린 시절에 이희수의 정원에서 본 모스나바라는 것을 알게 된다.

🐛 무너진 세계 속 인간의 모습

작품 속 더스트는 인체에 치명적인 피해를 주는 먼지이다. 더스트에 노출되면 폐가 굳어버린다. 사람들은 돔이라는 피난처를 만들지만 모두 돔에 들어갈 수는 없다. 돔 안의 사람들은 인류를 위해 함께 문제를 해결하는 것에는 관심이 없다. 타인의 죽음을 아무렇지 않게 지켜보는 게 가능한 사람들만이 돔에 들어갈 수 있다.

돔 시티에서 만난 스테이시 일행은 어제까지도 웃으면서 음식을 나누어 먹었는데 사냥꾼에게 발각되자 나오미와 아마라를 팔아버린다. 더스트에 내성이 있는 나오미는 온갖 실험 대상으로 이용되고, 결국 그녀는 실험 대상으로 보고 달려드는 사람들 때문에 돔 밖으로 도망쳤다.

더스트 시대에는 이타적인 사람들이 살아남기 어려운 시대였다. 돔 안의 사람들은 어찌 보면 다른 사람의 죽음을 딛고 살아남은 사람들이다. 앞장서서 남들을 짓밟았던 이들은 공헌자로 존경받고 있었고, 자기 가족을 팔아넘기는 사람도 있었다. 나오미와 아마라도 프림빌리지를 찾아가는 동안 만난 친구들이 그 누군가의 침입으로 죽임을 당하는 모습을 지켜 볼 수밖에 없었다. 멸망의 세계에서 정의, 공정, 배려 같은 가치들은 사라진 지 오래였다.

지구가 더스트로 망가지기 직전의 모습을 상상해 보자. 지구의 환경은 망가져 가고 있지만 나와는 상관없는 일이라고 생각했을 것이다. 지금도 지구에서 온실가스를 가장 많이 배출하는 나라들을 보면 알 수 있다. 이 지구가 망가지면 그들은 소설 속 사람들처럼 돔을 만들어 외부 침입을 철저히 막으며 자신들의 안전만 생각하고 살아갈지도 모르겠다.

황규관의 〈인간의 길〉이라는 시는 고래. 갯지렁이, 너구리, 딱정벌레 등의 생물의 길이 있지만 인간의 길이 생기면서 길옆에 피투성이가 된 고양이가 버려져 있다고 말한다. 동물들의 길이 사라지고 인간의 길만 남지만 결국 인간도 길을 잃게 된다는 내용이다. 이 지구는 인간의 것이 아니다. 우리가 변화하지 않고 지금처럼 행동한다면 우리의 삶도 사라질 수 있다. 지금대로라면 현세대와 미래 세대가 겪을 미래의 모습은 불 보듯 뻔하다. 현재의 선택이 미래를 좌우할 수 있다고 생각한다면 지금 우리가 어떻게 행동해야 하는지 알 수 있을 것이다.

황사나 미세 먼지로 대기의 질이 나빠지면 우리는 중국을 향해서 불만의 소리를 높이곤 한다. 그러나 정작 우리는 어떤 노력을 했나. 미세 먼지 농도가 높아도 자동차를 끌고 나오고, 집집마다 자동차 보유 대수는 점점 늘어나고 있다.

중국 정부는 미세 먼지를 씻어내려고 20조 원을 들여 인공 비를 만들었다. 세계 최대 100미터의 공기 청정기를 만들기도 했다. 이를 두고 여의도 면적의 3.5배나 되는 주변 지역에서 초미세 먼지가 15퍼센트 감소하는 효과가 있다고 주장한다. 그렇다면 우리는? 한국 정부가 나사와 공동으로 연구하여 발표한 2017년 7월 '예비 종합 보고서'를 보면 2016년 5월 2일부터 6월 12일까지 서울 올림픽공원에서 미세 먼지를 측정해 보니 국내와 외부 요인 비중이 52대 48로 비등했다. 정부가 제시한 석탄 화력발전소의 30퍼센트를 감소하겠다는 정책은 대제할 에너시가 없이 추진히지 못하고 있다. 우리는 노력은 하지 않고 남 탓만 하는 것은 아닌가? 지구 환경 문제는 각 나라가 해결할 수 있는 문제가 아니다. 모두가 함께 해결해야 하는 문제이다.

🌧️ 우정과 사랑 사이

어릴 적 아영이 만난 이희수는 기계를 사랑하는 사람이다. 자연과는 먼 삶을 살았을 것 같은 그는 어린 아영에

강양구 외, 《미세 먼지 클리어》, 아르떼

게 더스트 시대의 무섭고 숨 막히는 이야기보다 돔 시티 바깥의 신비로운 식물에 관한 이야기를 들려준다. 더스트는 유전자 돌연변이를 유도해 빠른 변이를 촉진하고 사라진 숲 위에 새로운 생물종으로 숲을 메꾸게 했다. 이전에는 보지 못한 풍경들이 펼쳐진 것이다. 이런 더스트 시대에는 내성이 없으면 살아가기 힘들다. 하지만 프림빌리지는 안전하다.

레이첼과 지수는 이 마을의 리더이지만 사람들과 잘 어울리지 않고 자신들이 하는 일에만 관심을 갖는다. 하지만 사람들에게 신뢰와 안정을 주는 뭔가가 있다. 레이첼은 온실에서, 지수는 오두막에서 하루 종일 뭔가를 한다. 특히 레이첼이 있는 온실은 더스트의 농도가 심해 일반 사람들은 접근하기가 어렵다.

덩굴 식물로 더스트를 막겠다는 레이첼과 지수. 까맣게 죽어가던 나무를 칭칭 감고 올라간 덩굴은 숲을 다시 오묘한 초록색으로 물들인다. 하지만 덩굴이 텃밭의 작물을 엉망으로 만들면서 사람들은 여기서 살 수 없다고 한다. 더스트의 위험에서 자신들을 지키려면 덩굴을 심어야 하지만 덩굴을 키우면 자신들이 먹을 양식을 거두기가 힘들어지는 아이러니. 이런 상황에서 사람들은 어떤 선택을 할 수 있을까?

이들은 문제를 해결하기보다 누군가를 탓하기 시작한다. 레이첼과 지수에 대한 불신은 커져간다. 이에 프림빌리지를 지킬 수 없다면 다른 프림빌리지를 만들어야 한다고 생각한 지수는 사람들에게 모스바나를 나눠주며 떠난다.

프림빌리지에 오기 전, 레이첼은 더스트 증식을 연구한 솔라리타연구소의 사이보그 연구원이었다. 레이첼은 그곳에서 더스트 증식과는 상관 없는 연구를 했다. 그러다가 더스트가 세상을 뒤덮은 후 숲에 틀어박혀 더스트 분해 약을 만들고 더스트로 사라지는 식물들을 구하려는 연구를 하다가 자살을 시도한다. 죽으려는 레이첼을 지수가 살린다. 그는 레이첼의 사이보그 신체를 돌봐줄 테니 더스트 분해제를 만들어 달라는 거래를 제안하고, 둘은 이곳에 정착하게 된다. 시간이 지나면서 지수는 레이첼에게 애정 어린 호기심을 갖게 되고 레이첼이 자기를 좋아하면 좋겠다는 생각에 레이첼의 뇌를 수리하면서 미세 조정 장치 스위치를 눌러 감정의 변화를 느끼게 한다.

그 후 레이첼은 지수를 사랑하게 된다. 그것이 기계 조작으로 생긴 감정인지 아니면 사이보그지만 인간과 교감하고 싶은 마음인지 모르겠다.

어쨌든 레이첼은 지수를 정비사가 아닌 사랑하는 사람으로 옆에 두고 싶어 더스트에 살아남을 개량종을 개발하고도 지수가 자신의 곁을 떠날까 봐 주지 않는다. 지수도 레이첼도 결국은 서로에게 진심을 전하지 못한 채 지수는 프롬빌리지를 떠나고 레이첼은 남는다. 우정을 넘어선 사랑은 이루어지지 않았지만 인간과 사이보그의 진정한 교감을 통해 이들은 지구를 구할 수 있었다.

약속해 줘. 또 다른 프롬빌리지를 만들겠다고

솔라시티의 연구원들은 자가 나노봇의 입자 크기를 줄이는 실험을 하면서 분자 단위에서 모든 것을 통제하고 재조립하는 것이 가능하다고 생각했다. 이 대책 연구를 부추긴 건 기후 위기를 간단한 솔루션 하나로 해결해 보려는 데에 얄팍한 기대를 걸었던 사람들이다. 경고하는 이들도 있었지만 솔라시티 연구소는 프로젝트를 멈추지 않았고, 극도로 소형화된 입자는 통제를 벗어났다. 그러다가 증식 오류가 발생하자 겁이 난 직원은 도망쳤고 그 입자들은 그대로 풀려나 지구의 멸망을 가져왔다.

세상이 더스트로 덮히자 솔라시티의 연구원이었던 레이첼은 폐허가 된 종자 보관소에 숨어들어 식물 종자들을 더스트 저항종으로 개량했고 저항성 유전자를 뿌리 박테리

아로 감염시켜 숲을 재생하려 했다. 그리고 지수를 만나 프림빌리지를 만들면서 다른 대안 공동체처럼 짧은 평화의 순간과 이어지는 갈등과 배신 그리고 파국과 죽음의 종말을 경험한다.

레이첼은 인간이 유지되어야 할 가치 있는 종이 아니라고 생각하지만 지수는 레이첼을 설득해서 식물들이 숲 밖에서 자라는 법을 찾았고 그것들을 밖으로 가지고 나가는 것이 지구를 살리는 길이라고 생각해 떠나는 사람들에게 모스나바라는 덩굴 식물의 씨앗을 나누어 준다. 그렇게 모스나바는 더스트보다 더 멀리 퍼져 나가 더스트를 송식시켰나.

사람들은 더스트의 종식을 디스어셈블러 때문이라고 생각하지만 아영은 동의하기 힘들다. 멸망의 원인을 제공한 당사자들이 지구 멸망 직전에 뒤늦게 수습한 게 칭찬받을 일은 아니라고 생각했다. 더스트의 종식은 지수와 레이첼 그리고 모스나바를 세계 곳곳에 퍼뜨린 사람들이 작은 약속을 지켰기 때문이다.

인간을 비롯한 동물들은 식물이 없으면 살아갈 수 없지만 식물들은 동물이 없어도 얼마든지 종의 번영을 추구할 수 있다. 동물과 달리 식물의 삶에는 경쟁과 분투가 없다. 집단적 고유성으로 함께 살아간다. 인간은 피라미드 위에서 그들을 내려보며 우위에 있다고 생각하지만 지구라는 생태에 잠시 초대된 손님에 불과하다. 그마저도 언제든 쫓겨날 수 있는 위태로운 지위라는 것을 잊어서는 안 된다.

마가릿 에트우드는《오릭스와 크레이크》라는 책에서 인류가 멸망하면 나머지 생명체가 살아남을 수 있다고 했다. 다른 생명과 함께 살아가는 것은 인류에게는 그렇게 힘든 일일까?

자발적 인류 절멸 운동을 하는 단체는 인류가 없을 때 지구가 더 나아질 것으로 생각하기 때문에 오래 살되 출산은 하지 말아야 한다고 주장하기도 한다. 하지만 인류는 문제를 함께 해결해야 한다. 프림빌리지의 사람들의 작은 약속이 모여 지구를 복원했듯이 우리의 작은 행동이 모이면 커다란 힘을 발휘할 수 있기 때문이다.

1 우리는 봄철 황사와 미세 먼지 때문에 대기의 질이 좋지 않다고 생각합니다. 그런데 황사는 자연 현상이며 미세 먼지는 사람이 살면서 만들어내는 대기 오염입니다. 황사와 미세 먼지의 공통점과 차이점에 관해 이야기해 봅시다.

2 미세 먼지, 미세 먼지 앱, 마스크, 공기 청정기는 몇 년 전부터 우리 생활에서 익숙한 것들이 되었습니다. 공기가 나쁘면 창문을 열지 못합니다. 아이들은 체육 수업도 하지 못하고 교실에 있어야 합니다. 미세 먼지 투과율이 낮은 마스크를 준비하고 외출해야 합니다. 밖에서 집으로 돌아오면 옷에 묻은 미세 먼지를 털어 줄 의류 관리기에 옷을 넣습니다. 이렇게 우리가 각자의 비용을 지불하는 것이 미세 먼지로부터 보호할 수 있는 최선이라고 생각하나요? 정부나 지방자치단체가 할 수 있는 일들은 무엇이 있을까요?

3 에어포칼립소란 air(공기)와 appocalypes(종말)를 합친 말로 ‘대기 오염으로 인한 종말’을 뜻합니다. 영국 경제지 〈파이낸셜 타임

스)가 중국의 심각한 대기 오염 상황을 묘사하기 위해 만든 단어인데요. 대기 오염이 책 속의 모습처럼 인류의 파멸까지 가져올 수 있다고 생각하나요?

□ 인류의 파멸을 가져올 수 있다.　　　□ 인류의 파멸은 과장된 것이다.

4　소설 속에서 더스트 시대를 끝낸 진정한 영웅은 누구라고 생각하나요? 이유와 함께 자신의 생각을 이야기해 봅시다.

□ 프림빌리지에서 떠나면서 모스나바를 퍼뜨린 사람들
□ 레이첼과 지수

5　석탄 화력발전소는 초미세 먼지의 주요 원인입니다. 대기 오염, 수질 오염, 토양 오염, 기후 변화의 주범이기도 합니다. 전 세계 이산화탄소의 44퍼센트가 석탄에서 배출되며 석탄 화력발전소는 그 중 가장 많은 이산화탄소 배출량을 차지합니다. 미국과 유럽의 나라들은 석탄 화력발전소를 더 이상 만들지 않거나 탈석탄법을 만들어 기후 위기에 대응하고 있습니다. 하지만 우리나라는 석탄 화력발전소를 계속 건설하고 있습니다. 화력발전소를 늘리는 정부의 에너지 정책에 대해 어떻게 생각하는지 논술해 봅시다.

환경 수업에 활용하면 좋은 책들

1부. 그들만을 위한 지구는 없다

우리를 지키는 수호신 《사마야》
《시간 전달자》 / 이상권 지음 / 특별한 서재
《오버 스토리》 / 리처드 파워스 지음 / 은행나무
《사막에 숲이 있다》 / 이미애 지음 / 서해문집
《왕가리 마타이》 / 윤해윤 지음 / 나무처럼

괜찮지 않다는 걸 알면서도 《숨 쉬는 소설》 중 〈들담〉
《침묵의 봄》 / 레이첼 카슨 지음 / 에코리브르
《환경 호르몬 어떻게 해결할까》 / 박태균 지음 / 동아엠엔비
《화학 물질의 습격, 위험한 시대를 사는 법》 / 계명찬 지음 / 코리아닷컴

플라스틱으로 뒤덮인 세상 《나와 마빈 가든》
《왜 플라스틱이 문제일까?》 / 강신호 지음 / 반니
《숨 쉬는 소설》 중 〈심심풀이로 앨버트로스〉 / 김중혁 지음 / 창비
《우리는 플라스틱 없이 살기로 했다》 / 산드라 크라우트바슐 지음 / 양철북

생명의 원천, 물 《#생태 소설》중 〈약사여래는 오지 않는다〉
《드라이》 / 닐 셔스터먼, 재러드 셔스터먼 지음 / 창비
《물이라는 세계》 / 염형철 지음 / 리마인드
《물, 아직도 부족할까?》 / 필립 스틸 지음 / 내 인생의 책

기후 위기로 떠나는 사람들 《폴리네시아에서 온 아이》
《우리가 만드는 내일은》 / 바네사 나카테 지음 / 양철북
《난민, 멈추기 위해 떠나는 사람들》 / 하영식 지음 / 뜨인돌

2부. 지구를 지키는 사람들

생명을 품은 아마존《연애소설 읽는 노인》
《나, 치코 멘데스》 / 치코 멘데스, 토니 그로스 지음 / 틈새의 시간
《어떻게 지구를 구할까?》 / 오렐리앙 바로 지음 / 구름 서재
《지금 당장 기후 토론》 / 김추령 지음 / 우리 학교
《지구를 쓰다가》 / 최우리 지음 / 한겨레출판

동물과 함께 사는 법《중3 조은비》
《내 이웃의 동물들에게 월세를 주세요》 / 마승애 지음 / 노란상상
《그림자 형제를 위하여》 / 채인선 지음 / 한권의책
《우리는 동물을 어떻게 대해야 하는가》 / 문이소 지음 / 사계절
《지속 가능한 세상에서 도시는 생명체다》 / 이은용 지음 / 문학동네
《동물이 건강해야 나도 건강하다고요?》 / 이현 지음 / 푸른숲주니어

나비의 날갯짓이 계속되도록《멸망한 세계에서 우리가 나비를 쫓는 이유》
《그 많던 나비는 어디로 갔을까》 / 사라 다이크먼 지음 / 현암사
《억울한 곤충들》 / 조성준 지음 / 북스토리
《궁금했어, 곤충》 / 한영식 지음 / 나무생각
《벌레가 지키는 세계》 / 비키 허드 저 지음 / 미래의 창
《세상에 나쁜 벌레는 없다》 / 조안 엘리자베스 지음 / 북트리거

환경 활동, 재미있고 행복하게《첫사랑 49.5℃》 중 〈쓰레기 산〉
《지구를 선택한 사람들》 / 박재용 지음 / 다른
《쓰레기 산에서 춤을!》 / 홍다경 지음 / 풀빛
《열여섯 그레타, 기후 위기에 맞서다》 / 비비아나 마차 지음 / 우리학교
《살아남은 세 개의 숲 이야기》 / 공주영 지음 / 주니어태학
《지구는 인간만 없으면 돼》 / 기후위기와 싸우는 10대들 지음 / 숲과나눔

3부. 지속 가능한 사회로 가는 길

동물 사랑과 고기 사랑은 한 끗 차이 《노파람이 아르바이트를 그만둔 날》

《왜 육식이 문제일까? 10대에게 들려주는 육식 이야기》 / 이수종 지음 / 반니

《제퍼슨 살해 누명을 벗어라!》 / 장클로드 무를르바 지음 / 북극곰

《생추어리 농장(동물과 인간 모두를 위한 선택)》 / 진 자우어 지음 / 책세상

패스트 푸드가 아니라 패스트 패션 《지구를 살리는 옷장》

《옷을 사지 않기로 했습니다》 / 이소연 지음 / 돌고래

《지구인의 위한 패스트 패션 보고서》 / 민마루 지음 / 썬더키즈 썬더버그

《패스트 패션》 / 기획집단 MOIM 지음 / 그림씨

《물욕의 세계》 / 누누 칼러 지음 / 현암사

인간과 함께 진화하는 바이러스 《테스터》

《바이러스 x》 / 김진명 지음 / 이타북스

《눈먼 자들의 도시》 / 주제 시라마구 지음 / 해냄

《감염》 / 로빈 쿡 지음 / 오늘

《페스트》 / 알베르트 카뮈 지음 / 민음사

되돌릴 수 없는 그날의 사고 《체르노빌의 아이들》

《원자 스파이 나치의 원자폭탄과 개발을 필사적으로 막은 과학자와 스파이들》 / 샘 킨 지음 / 해나무

《원자폭탄만들기1》 / 리처드 로즈 지음 / 사이언스북스

《핵 폭발 뒤 최후의 아이들》 / 구드룬 파우제방 지음 / 보물상자

《체르노빌 히스토리 재난에 대처하는 국가의 대응방식》 / 세르히 플로히 지음 / 책과 함께

다시 돌아가기 위한 노력 《지구 끝의 온실》

《오늘도 미세 먼지 나쁨》 / 김동환 지음 / 휴머니스트

《미세 먼지》 / 최용석 지음 / 이을 출판사

《미세 먼지》 / 류연웅 외 지음 / 서울:안전가옥